배움은 은퇴가 없다

배움은 은퇴가 없다

유순호 지음

공감

이 책을 읽는 모든 독자들이 배움을 실천하고 행복하시기 바라는 마음을 전합니다.

저는 1948년, 말과 행동이 느리기로 이름난 충청남도 보령시 미산면 산촌에서 태어났습니다. 결혼 전까지 그곳에서 지냈습니다. 가정환경을 이유로 학력이 짧아 배움의 한을 풀기 위해 배움의 줄을 다시 잡았습니다.

저의 배움의 여정은 늦되고 굴곡져서, 초등학교 5년을 끝으로 긴 시간 멈추었습니다. 40세가 되었을 때, 고입검정고시로 배움의 여정에 입문하여 67세에 경복방송통신고등학교, 71세에 디지털서울문화예술대학교 실버문화 경영학을 졸업했습니다.

배움은 여기서 멈추지 않고, 예명대학원대학교 석사 과정을 거쳐 박사과정 4학기를 마치고 사회복지학을 연구 중입니다.

'배움은 은퇴가 없다.'라는 생각을 글로 쓰며, 제가 배움을 시작하고 행복해진 경험을 저와 같은 아픔을 겪고 있는 분들에게 나누고 싶습니다. 제가 알고 있는 것을 나누면 행복해진다는 것도 배움의 과정에서 찾았습니다. 저는 뇌신경 장애가 있어 손으로 글을 쓰기가 힘듭니다. 다행히 컴퓨터를 이용해 글쓰기를 할 수 있습니다. 느리지만 할 수 있다는 자신감으로 마음을 다독이며 한 땀씩 수를 놓는 심정으로 키보드를 치면서 배움을 실천하고 있습니다.

손으로 메모를 할 수 없는 저는 음성 인식기에 녹음도 해 보았습니다. 목소리 또한 발음이 불안정해 음성 인식도 무용지물이었습니다. 하지만 이렇게 컴퓨터 키보드 입력으로 지면을 채울 수 있어 행운이라 생각합니다. 배움은 저의 글이 태평양을 건너 세계로 나아갈 수 있다는 자신감을 심어주었습니다. 이 책을 읽는 독자들에게 배움은 때와 장소가 따로 있는 것도 아니고, 나이와 무관하다는 것을 말씀드리고 싶습니다.

정규 학습을 받지 못한 것을 비관하며 "나는 할 수 없다."라는 고정관념의 틀에 갇혀 스스로 운명을 개척하지 않았다면 아마 저는 행복을 찾을 수 없었을 것입니다.

"사람은 죽을 때까지 배워야 한다."라는 격언을 믿고 꾸준히 배우고 봉사한 끝에 건강하게 여생을 보낼 수 있다는 자신감이 생겼습니다. 배움이 저에게는 건강이고 행복이었습니다.

빠르게 변하는 시대에 행복을 찾는 지름길이 배움이었습니다. 어제의 유행은 오늘로 사라지는 세상이 되었습니다. 오늘은 내일을 위해 새로운 것을 배워야 합니다. 자신이 아는 것과 모르는 것은 천지 차이입니다. 알고 있다고 생각했지만 실은 모르는 것이 더 많았습니다. 이 책을 읽는 독자들이 정보의 마당에서 충분히 배우고 마음의 눈으로 볼 수 있는 능력을 키워 행복이 가득 채워지길 기원합니다.

학창시절

CHAPTER 1
시작이 반이다

임인년(壬寅年)의 목표, 시작이 반이다.

2022년 1월 4일 새벽, 딱따라 글쓰기를 시작했습니다.

《배움은 은퇴가 없다》,《쪼가 있는 사람들의 결단》 공저를 출간하고, 유명인이 되었습니다. 공저 작가로 유튜브 방송 [크다야TV]에서 "나는 할 수 있다. 나는 배움을 실천하며 행복을 찾았다."라고 이야기했습니다. 또 "배움의 행복을 시청자 여러분들에게 나누고 싶다."라고 했습니다.

유튜브 방송 [크다야TV]가 전파되고, 많은 사람들이 강의를 듣고 위로가 되었다는 댓글을 달아 주셨습니다. 조회 수도 빛의 속도로 퍼져 나가는 사실을 발견하고, 방송의 위력이 크다는 사실을 확인했습니다.

"행복은 전염된다."고 했습니다. 저의 행복이 전파되어 시청자에게 도움이 되었다니, 또다시 행복을 전하고 싶다는 생각이 들었습니다. 공저가 아닌 혼자 쓴《배움은 은퇴가 없다》를 출간하기로 목표를 정했습니다. "뚜렷한 목표가 행운을 부른다."라는 말을 굳게 믿습니다.

생각의 저금통을 열어 목차를 찾기 위해 여행을 떠났습니다.

행복 바이러스, 찬샘골, 초등학교, 검정고시, 방송통신고등학교, 디지털서울문화예술대학, 예명대학원대학교, 수전증, 음성 클리닉, 뇌신경 장애, 칠십 줄 삶의 여정, 자격증 등 행복나무에 목차의 열매가 주렁주렁 열려 있어 가슴이 뿌듯했습니다.

'시작이 반이다.'라는 목표를 정하고 배움으로 행복을 찾은 저 자신에게 먼저 감사하다는 말을 전했습니다. 목표를 정했으니, 절반은 이루어졌다고 생각했습니다. 이제는 마음을 행복으로 채우기 위해 행복 찾기에 나섰습니다. 행복은 멀리 있는 것이 아니라 아주 가까운 제 마음속에 있었습니다. 하지만 스스로 행복을 만들지 않으면 행복은 저에게 오지 않는다는 것을 느꼈습니다. 행복을 만드는 것을 배워야 비로소 행복을 찾을 수 있습니다. 행복 찾기의 시작은 배움입니다. 배움의 목표를 세우고 가슴에 차곡차곡 채우기 시작합니다.

2022년「세계 여성의 날」격려상 수상

3월 6일, 일요일이지만 과제가 많아 계속된 자료 검색에 지쳐 있었습니다. 기지개를 켜고 일어나려던 참에 전화벨이 울렸습니다.

"유순호 박사님, 안녕하세요?"

갑작스러운 전화에 당황한 목소리로 답했습니다.

"네, 안녕하세요? 그런데 저는 박사가 아니고, 박사 과정 중에 있습니다."

"박사님, 무슨 말씀이세요? 유 박사님은 이미 박사님이십니다. 3월 8일 세계 여성의 날에 박사님이 상을 받게 되셨습니다. 제가 박사님의 유튜브 동영상과 책을 읽고 너무 훌륭하신 분이라고 생각해서, 세계 여성의 날을 맞이하여, 세계여성경영인위원회 시상식에 추천을 드렸습니다. 경쟁자가 많았는데, 박사님이 시상자로 선정되셨다고 연락이 왔어요. 꼭 오셔서 상을 받으세요."

"무슨 말씀이신가요? 저는 세계 여성의 날에 기여한 바가 없는데, 제가 무슨 상을 받나요? 저는 상을 받을 자격이 없습니다."

"아닙니다. 박사님은 충분히 상을 받으실 자격이 있으십니다. 어려운 상황과 연세도 있으신데도 꾸준히 노력하시는 모습이 여성들에게 모범을 보여주고 계십니다. 또 격려금도 있다고 해요. 그러니 얼마나 좋아요. 박사님, 축하드립니다."

"저를 그렇게까지 칭찬해 주시니 감사합니다. 하지만 저는 무어라 드릴 말씀이 없네요."

"그런 말씀 안 하셔도 됩니다. 제가 장소를 알려 드릴 테니, 그곳으로 오세요. 그날 서울시장님, 국회의원을 포함한 여러 관계자분들이 축사도 하시고, 1, 2부 행사도 있으니, 같이 오실 분 있으면 함께 오세요."

"평일이라 동행할 사람이 없어요."

"혼자 오셔도 됩니다. 내일 또 연락드리겠습니다."

전화를 끊고 '꿈은 아니겠지?'라는 생각이 들었습니다. 컴퓨터로 세계 여성의 날을 검색하니, 2022년 3월 8일(화) 제114주년 「세계 여성의 날 2022 세계여성경영인위원회 행사 안내」를 찾을 수 있었습니다. 또 UN NGO 「세계 여성의 날 세계여성경영인위원회 행사」가 국제뉴스에 보도되어 있었습니다.

3월 8일이 바로 이틀 뒤라고 생각하니, 아무 일도 손에 잡히지 않았습니다. 하늘에 두둥실 떠 있는 기분이 들었습니다.

1908년 미국의 섬유 여성노동자들이 노동환경 개선과 임금 인상, 참정권을 요구하며 대규모 시위를 벌인 것을 기념해 유엔이 1977년 3월 8일을 여성의 날로 공식 지정한 것이 세계 여성의 날의 시작입니다.

당시 성차별 극복과 인간다운 권리와 삶을 요구했던 여성들의 외침은 2020년 한국에서도 계속되고 있습니다. 2018년 '미투'(#MeToo) 운동으로 페미니즘은 한국사회의 담론으로 확정되었습니다. 2019년에도 여성 인권에 대한 활발한 논의는 계속되었습니다. (인터넷 검색 국제신문)

그리고 3월 7일 월요일에 다시 연락이 왔습니다.

"박사님, 내일 조금 일찍 오셔서 호텔 로비에서 저하고 만나요. 제가 안내해 드리겠습니다."

약속시간에 나를 수상 후보로 추천해 주신 분을 만나 행사장에 입장했습니다. 화려하게 차려진 행사장에서 식순을 읽어보았습니다. 깃발 수여식, 국민의례, 애국가, 환영사, 격려사 다음에 격려상 시상이 있었고 그곳에 제 이름 '유순호'가 선명하게 적혀 있었습니다. 제 이름을 가슴에 새기는 순간 과거의 제 모습이 떠올랐습니다. 초등학교 학력의 시골 소녀는 어른이 되어서도 삶에 얽매여 고급 레스토랑 한 번 마음 놓고 다니지 못했습니다. 호텔 출입은 친척결혼식에 참석하는 것으로 만족했고 행사장 무대에 오르는 것은 꿈도 꾸지 못 했는데, 수상자의 자격으로 화려하고 높은 무대의 주인공이 될 수 있다는 사실이 꿈만 같았습니다. 배움이 저를 오늘의 행복의 무대에 세워 주었습니다.

잠시 후 남궁숙 본부장의 사회로 식전 행사가 진행되었습니다. 식순에 의해 2022년 세계 여성의 날 세계여성경영인위원회 행사가 뒤이었습니다.

수상자의 자격으로 행사를 지켜보며, 전 세계 여성은 물론 우리나라 여성의 인권에 대한 많은 생각을 했습니다. 단지 여자라는 이유로 지금도 음지에서 성적 학대, 취업의 불평등, 남녀 임금격차, 성차별 등의 고통을 받고 있는 사람이 있습니다. 그들을 위해 제가 사회복지 정책에 대해 어떤 연구를 해야 할지에 대한 의문이 생겼습니다. 여성이라는 이유로 차별받지 않는 사회적 정책이 꼭 필요하다는 생각이 절실했습니다. 그동안 노인 복지, 청소년 복지, 장애인 복지에만 관심이 있었는데, 우리나라 여성복지정책에 대한 연구가 더 중요하다는 것을 깨닫게 되었습니다.

2부 행사는 유엔 국제경제기구 세계유통연맹(UN NGO WDF) 리재학 의장이 세계여성경영인위원회 유용희 위원장에게 깃발 수여식을 시작으로 각계 인사의 축사로 진행되었습니다.

생각이 나는 내빈의 축사를 적어 보려고 합니다.

김용 보글코리아 총재는 "여성의 단합과 화합의 힘으로 세계여성경영인위원회가 발전하기를 바랍니다."

미래청소년연합 유재희 총재, 정중한 러시아 물리학 박사도 세계여성경영인위원회 세계 여성의 날 기념식을 응원하며 축사를 갈음하셨습니다.

김성걸 이사장은 축사와 함께 시 「동방의 등불」을 낭송하시며 위원회의 무궁한 발전을 기원한다고 하셨습니다.

사단법인 한국영화인총연합회 김국현 이사장은 현장의 열정 넘치는 여성 위원들을 향해 "세계가 여성의 힘으로 이만큼 왔으니 앞으로 잘 부탁한다."고 메시지를 남겼습니다.

국기원 김도진 사범은 지난달 세계여성경영인위원회에서 라오스와 마다가스카르에 마스크를 후원해 준 것에 대한 감사 인사를 영상으로 해 주셨습니다.

유용희 위원장은 "세계 여성의 날이 각 국가에서 다양한 이유로 시작이 되었지만 그 의미는 한 가지인 것처럼, 우리 단체도 초심을 잃지 않고 굳건히 성장하기를 희망한다."고 전했습니다. 그 후 위원회는 이번 행사에서 위원회 운영을 위해 노력해 준 회원들을 독려하며 대내외 인사들에게 상패 전달을 했습니다.

김류경 가수가 신곡 「화이팅」을 선보이며 여성, 남성을 나누지 말고 더불어 사는 세상을 만들자고 목소리를 높였습니다. 위원회

관계자는 "미얀마 사태에 이어 러시아의 우크라이나 침공 사태까지, 2022년 지구는 바이러스 공포보다 전쟁의 공포를 실감하고 있는 실정"이라면서 "하루아침에 세상의 평화를 만들어 낼 수 없지만 여성이 시나브로 어머니의 마음으로 세상의 어둠을 걷어낼 수 있다."고 행사의 취지를 밝혔습니다.

저의 유튜브 동영상을 보고, 많은 사람들이 남겨준 "선생님 강의를 보고 용기를 얻었습니다.", "선생님 정말 훌륭하십니다.", "대단하십니다." 등의 수많은 댓글이 저에게 기쁨과 행복을 주었습니다. 제 책을 낭독하셔서 유튜브 방송으로 올려주신 분도 계셨습니다. 또 대한민국 청소년 대상제전에 수상자로 선정되어 지도자 부문 문화 대상도 받았습니다.

배움을 계속하여 봉사하겠다는 결심으로 포기하지 않는 모습을 후배들에게 물려주려는 뜻으로 실천했는데, 「세계여성경영인위원회 격려상」이라는 큰 상을 수상하게 되어 어깨가 더욱 무거워졌습니다. 배움을 계속하여 앞으로 더욱 열심히 세계 여성의 인권을 보호하는 일에 앞장서라는 뜻으로 받아들이고 실천을 약속한 뜻깊은 하루였습니다.

초등학교 졸업의 학력으로 배움을 멈추었더라면, 이 상들을 받을 수 없었을 것입니다. 생의 마지막까지 배움을 실천하는 여성으로 여성복지 정책을 위해 도전할 것을 다짐합니다.

배움의 도전

초등학교 졸업 후 중학교 진학은 엄두도 못 내고, 네 동생의 뒷바라지와 집안 농사일을 도우며 청소년 시절을 보냈습니다. 제 나이 스무 살, 막내 동생이 9살 때 어머니가 돌아가셨습니다. "하늘이 무너진다."라는 말이 현실로 다가왔습니다. 그 후 새어머니가 들어오시고, 저도 결혼해 시댁에서 열두 식구가 함께 살았습니다. 결혼 생활 1년 만에 분가해 첫 아이를 출산하고 둘째 아이도 낳았습니다.

첫째 아이가 학교에 입학할 때 가정 환경조사서에 부모 학력을 기재해야 했습니다. 사립초등학교에 다니는 첫째 아이는 친구들이 상류층이고, 그 부모님들도 고학력자였습니다. 엄마 학력을 초등학교 졸업이라 적으면, 아이가 상처받을까 두려워 중학교 졸업이라고 적어 넣고 죄책감에 시달렸습니다. 사람은 정직하고 신용을 잘 지켜야 한다고 강조하며 아이들을 키웠습니다. 하지만 제 자신의 학력을 속이고 있다는 양심의 가책을 느꼈습니다. 가정 환경조사서에 거짓으로 기록한 '중학교 졸업'은 매년 반복되었습니다.

둘째와 십 년 터울로 막내를 임신하고 배움을 결심했습니다. "막내의 가정 환경조사서에는 당당하게 학력을 기록해야지! 앞으로 거짓 기록은 안 해야지."라는 결심으로 고입검정고시 야간반에 등록했습니다. 그곳에서는 남녀노소가 함께 어울려 공부했습니다. 저는 배움의 열정은 강했으나, 생업에 종사하느라 몸이 피곤했습니다. 그 덕분에 교실은 저의 지친 몸이 쉬는 장소가 되었습니다.

공부는 어렵고 졸음이 밀려왔습니다. 눈꺼풀의 무게를 떨칠 수가 없었습니다. 영어에도 대문자, 소문자, 필기체 대문자, 필기체 소문자, 어찌나 종류가 많은지요. 수학도 어려워 학습시간에 배움을 채우지 못했습니다. 배움의 필요성은 절실했으나, 삶의 여건에 시달려 숙제조차 못 하는 날이 많았습니다.

야간반 6개월을 다니고 시험일이 다가왔습니다. 담임선생님께서 "전 과목 60점 이상이 되어야 하니, 모든 과목에 집중하세요."라고 하셨습니다. 그 말을 듣고 다급하게 시험공부를 시작했습니다. 이번 시험에 낙방하면 기회가 없다는 생각이 들었습니다. 남은 시간이라도 열심히 공부하자고 마음을 먹고, 며칠을 집중했고, 드디어 시험일이 다가왔습니다. 마음이 긴장되니 원래도 떨리는 손은 더 많이 흔들렸습니다. 시험 시간을 간신히 마치고 합격 발표를 기다렸습니다.

고입 검정고시 자격시험 합격 소식을 듣고 그동안 마음을 짓누르던 양심의 가책을 떨칠 수 있었습니다. 그동안 양심의 가책을 가졌던 '중학교 졸업' 거짓 기록의 죄를 용서해 달라며 한없이 눈물을 쏟았습니다. 학력 거짓 기록을 뒤로하고, 생업에 충실하며 젊음을 바쳤습니다.

아이들 학교 뒷바라지를 마치고, 제 삶을 되돌아보았습니다. '나에게 어떻게 보상해야 할까?', '나는 누구인가?', '나를 찾아가는 방법은?', '앞으로의 여생은?', '어떻게 살아야 보람 있는 삶을 영위할 수 있을까?', '어느 방향으로 삶을 선택해야 할까?', '변화하는 인공지능 사회에 어떻게 대응해야 할까?', '나의 장단점은 무엇일까?', '나에게 오는 고난의 해법은 무엇일까?', '타인이 나에게 불쾌감을 줬을 때, 상대방을 이해할 수 있는 능력은 어떻게 가질까?' 등 수없이 많은 의문이 들었습니다. 몇 년 동안 취미생활을 하며 행복을 찾으려고 노력해도 행복은 보이지 않았습니다. 다시 생업을 시작하며, 사업에 전념했습니다.

내면의 불안감이 계속 커지고 있던 어느 날, '경복방송통신 고등학교 학생 모집, 나이 제한 없음'이란 광고가 번개처럼 다가왔습니다. '나는 할 수 없다.'라는 고정관념의 틀에서 탈출하자 '내면의 또 다른 나를 찾아내자.' 등의 궁금증이 꼬리에 꼬리를 물었습니다. 줄줄이 엮인 궁금증들은 저의 가슴을 흔들어 깨웠습니다. 저의 꿈속에 빠진 영혼이 흔들렸고, 배움의 줄을 꼭 잡고 떨고 있는 저의 모습은 너무도 처량했습니다.

꿈을 깨워 '배움에 도전할 수 있다.'라는 긍정의 꽃을 화려하게 피워내고 싶었습니다. 굵직하고 커다란 새 동아줄에 글꽃으로 촘촘히 수를 놓고 또 다른 나를 찾기 위한 새로운 꿈을 꾸었습니다.

제 나이 일흔을 넘겼습니다. '배움에 은퇴가 없다.'라는 신념을 가슴에 안고 직진이 아닌 굽은 길을 택했습니다. 주변의 아름다운 환경을 감상하고 자연의 순리에 감사하며, 배움의 시간을 소중히 간직했습니다. '시간은 금이다.', '시간은 후퇴가 없다.', '시간은 직진이다.', '시간은 잡히지 않는다.' 등 시간을 강조하는 말이 많습니다. 저에게 소중한 시간은 배움에 대한 도전의 시간이었습니다. '오늘의 태양은 내일 다시 뜨지 않는다.'라는 사실을 알게 해 준 배움의 도전은 남녀노소 구분이 없었습니다. 은퇴가 없는 배움 마당에 남녀노소 함께하고 있었습니다. '배우는 것을 멈춘 사람은 나이에 관계없이 늙은이다. 꾸준히 배우는 사람은 언제나 젊다. 마음을 계속 젊게 유지하는 것이 인생에서 가장 멋진 일이다.'라는 헨리 포드의 말을 곱씹었습니다. 배움은 누구나 도전할 수 있고, 누구나 환영합니다.

배움 도전은 '인생 디자인학'입니다. 저는 일흔이 넘어 인생 디자인학에 빠졌습니다. 배움 도전으로 무지(無智)의 갈증은 더 심해졌습니다. 배움에 빠질수록 모르는 것이 더 많아지는 저를 사랑했습니다. 배움에 도전했기에 가능했습니다. 배움 도전은 목마름을 적셔주는 독서 마당으로 끌어주었습니다. 배움의 두려움을 극복하는데, 독서의 힘이 컸습니다.

독서를 하면서 알게 된 많은 글이 저의 오감을 열어주었습니다.

『나는 학생이다』에서 '두려움은 자신의 지식부족을 아는 것이고, 인생의 앞길을 찾아가는 많은 블랙박스가 있다는 것을 아는 것이다. 두려움은 자신의 인생이 지고무상하지 않음을 아는 데부터 시작한다'고 왕멍은 이야기합니다.

'망설이고 미루던 배움의 두려운 과거는 망각(忘却)에 먹어주자! 도전의 힘, 배움이 답이다.', '알고 있다고 생각하는 것이 모르는 것', '늦었다고 생각할 때가 가장 빠르다는 것'도 배움 도전에서 발견했습니다. 하나를 알면, 모르는 것은 더 많아졌습니다. 계속되는 궁금증은 배움 도전의 문을 계속 열어 주었습니다.

'배우고 때때로 익히니 어찌 기쁘지 않은가, 벗이 멀리서 방문하니 어찌 즐겁지 않은가, 사람들이 몰라준다고 해서 화내지 않으니 어찌 군자가 아니겠는가. 때때로 배우고 익히며, 배움이 많으면 많을수록 나를 알아주지 않아도 부끄럽지 않다.'라는 공자의 말을 되새겨 봅니다. 사람들이 나를 알아주지 않아도, 배움을 멈추지 않고 배움 도전이라는 기차에 올라타, 삶의 종착역에서 저 자신에게 부끄럽지 않도록 배움 도전에 꾸준히 오르고 있는 중입니다.

배움은 행복

    강산이 일곱 번 변하는 동안 저는 행복의 정의를 알지 못했습니다. 육체 건강, 경제적 풍요, 가족과 이웃의 화목, 높은 사회적 지위 등, 한마디로 "등 따시고, 배부르면 된다."라는 어른들의 말이 행복이라고 믿었습니다.

    하지만 의식주 해결이 행복을 주는 것이 아니라는 사실을 배움에서 찾았습니다. 행복은 배움이고, 웃음이었습니다. '행복해서 웃는 것이 아니라, 웃어야 행복하다.'라는 이야기가 있습니다. 저는 평생 배워야 한다는 상상만 해도 웃음이 나옵니다. '행복해서 웃는 것이 아니라, 웃으니까 행복하다'를 저는 '웃으니까 행복하다'와 '행복해서 웃는 것'은 같은 맥락이라 생각하고 있습니다.

    배움을 선택하고 웃어야 행복하다는 사실을 실천하며, 웃고 또 웃으며 행복의 정의를 배웠습니다. '행복이란 사람이 생활 속에서 기쁘고 즐겁고 만족을 느끼는 상태에 있는 것.'이라고 정의되어 있습니다. 기쁘게 즐기면 웃음이 저절로 나고, 웃으면 만사형통이 되니 웃음이 저절로 나옵니다. 웃음은 신비한 힘을 갖고 있습니다. 웃음과 함께 배움의 길에 들어선 저에게 웃음 치유 프로그램의 문이 활짝 열렸습니다. 그 안에 들어가니 행복이 저를 반겨주었습니다.

웃음은 마음의 평안을 주고, 즐거움을 선물합니다. 웃음은 행복 항체이며, 스트레스를 한순간에 해결하는 명약입니다. 또, 모든 고통으로부터 해방되는 마취제이며, 모든 질병을 치료하는 만병통치약입니다.

웃음은 긍정적이고 적극적이며 자신감이 넘치는 사람으로 변화시킵니다. 행복을 위해 웃음도 배워야 합니다. 배움을 통해 형성된 항상 웃는 얼굴은 여러분을 기적의 주인공으로 만들어 줄 것입니다. 많이 웃으려면 웃는 사람과 늘 함께해야 합니다. 웃음은 바이러스처럼 강한 전염성을 가지고 주변에 급속히 전파되기 때문에 웃을수록 웃을 일이 더 많이 만들어집니다. 저는 웃음 치유에 대한 많은 것을 배우고 '웃음 치유 1급 자격증'을 취득했습니다.

행복은 누구나 느낄 수 있는 감정이고, 흔하게 듣는 단어이지만 저는 일흔 줄에 와서야 행복의 정의를 알았습니다. 그 후 웃음에 대한 속담이 저의 눈에 들어오기 시작했습니다. 중국에는 '웃는 얼굴이 아니라면 가게를 열지 말라.'라는 속담이 있습니다. 이 속담처럼 항상 웃으려면 잠자기 전에 웃음의 감사함을 가득 채워 잠을 청하고, 수면 중에도 행복의 미소를 지어야 한다고 결심했습니다.

〈인간관계론〉에서 데일 카네기는 미소에 대해 이렇게 이야기합니다. 미소는 돈이 들지 않지만 일을 하고, 타인에게 준다고 가난해지지 않습니다. 미소는 가정, 사업, 친구 사이에 행복을 만들어 냅니다. 피곤하고 실망하고 슬픈 사람에게 주는 자연이 주는 최상의 처방이기도 합니다.

하지만 미소는 다른 사람에게 받아올 수는 없습니다. 미소는 내가 다른 사람에게 주기 전까지는 아무 쓸모가 없기 때문입니다.

미소조차 지을 수 없는 사람에게 미소를 지어주십시오. 그 사람이야말로 미소가 가장 필요한 사람이기 때문입니다.

"행복은 만족해 하는 사람들의 것이다."

– 아리스토텔레스

행복은 멀리 있는 것이 아니라 아주 가까운 저의 마음에 있다는 것을 배움에서 찾아냈습니다. 그 과정 속에서 웃고 또 웃으며 행복했습니다. 에이브러햄 링컨은 "대부분의 사람들은 자신이 행복하고

자 마음먹은 만큼 행복하다"라고 했습니다. 또 "행복은 만드는 것, 즉 내가 만들어야 하는 것이 행복이다." 라고 했습니다. 저도 늘 웃음으로 행복을 만들고, 그 과정에서 행복해서 웃었습니다. 잠재의식에 행복의 씨앗을 심고, 기쁨과 행복의 미소로 가꾸고 있습니다. 오늘의 삶에 만족하고 감사하는 마음으로 행복의 씨앗이 꽃으로 피어날 때, 배움의 행복을 느낍니다.

행복은 아주 가까운 제 마음속 잠재의식에 있다는 사실을 깨달았습니다.

이시형 박사님은 『행복도 배워야 합니다』라는 책에서 이렇게 말씀하십니다.

"행복하고 싶다면 세로토닌을 공부하라!"

"코로나19라는 바이러스와의 전쟁의 고통에서 벗어나 안녕과 행복하고 싶은 욕구가 간절하다. 반복되는 일상의 우울감을 탈출하고 삶의 보람을 채워주는 행복 호르몬 '세로토닌'에 대한 공부는 이제 선택이 아닌 필수라는 생각이 든다. 정신과 의사로서 사람들이 많이 하는 호소를 듣고 내가 권하는 세로토닌 처방전과 세로토닌 워킹, 세로토닌 파워 다이어트도 함께 실었다. 세로토닌 테라피라는 부제 아래 쓰인 책이라 전문가뿐 아니라 일반 독자들도 쉽게 이해하고 실천할 수 있도록 했다.

사람은 행복한 감정을 느낄 때, 우리의 뇌는 도파민과 세로토닌을 분비하여 기분을 좋게 만들 뿐만 아니라 학습 중추를 자극하여 정보를 받아들이고 이를 처리하는 능력을 높이는 역할을 한다. 세로토닌을 높이는 방법은, 규칙적인 식사가 대단히 중요하다. 세로토닌 원료가 되는 물질이 골고루 포함되어 있기 때문에 따로 챙겨먹어야 할 것 없이 일반 식사를 규칙적으로 하는 것만으로도 충분하다. 신선한 아침 태양을 받으며 하루에 20분만 산책하라. 음이온이 지구 표면에 가득할 때 그리고 어느 때보다 공기가 맑을 때, 산책하면 특히 비타민 D, 칼슘부족으로 인한 골다공증을 걱정하지 않아도 된다. 이 습관 하나만으로도 밝고 건강한 심신을 만들 수 있다.

무슨 운동이든 다 좋은데, 단 싫증이 나도록 과한 운동은 금물이고 율동적인 리듬운동이 세로토닌 생성에 아주 효과적인 것으로 나타났다.

반가운 사람을 만나면 포옹, 악수, 어깨동무, 좋은 사람들끼리 함께 하는 식사, 수다 등 이럴 때 세로토닌의 세례를 받는다.

밝은 인사, 밝은 미소, 고운 말씨는 자신의 인격 척도로 호흡도 고와지고 온몸에 긴장이 풀려 한결 편하게 된다.

멜라토닌 생성은 세로토닌을 원료로 수면 호르몬 멜라토닌이 생성되어, 저녁식사 후 가벼운 산책은 세로토닌 분비를 촉진하여 멜라토닌을 분비함으로써 잠이 잘 온다. 이 밖에도 휴식, 독서, 명상, 각자 뇌가 좋아하는 일, 즐거운 일, 봉사활동 등 자기가 좋아하는 일을 하면 세로토닌이 생성되어 행복하다.

저는 이시형 박사님을 멘토로 모시고 박사님의 건강 습관을 실천하고 있습니다. 정신과 육체가 건강하여 언제나 행복합니다. "가슴속에 행복한 느낌으로 가득할 때 우리의 시야는 더 넓어진다."라고 합니다.

'가진 것에 늘 만족하는 사람, 하고 싶은 일을 하는 사람, 할 수 있는 일이 있는 사람, 받은 만큼 나눌 줄도 아는 사람, 자신보다 타인을 먼저 생각하는 사람, 내일이 아닌 오늘을 즐길 줄 아는 사람, 마음이 따뜻하고 사람 냄새 나는 그런 사람, 홀로의 고독을 즐길 줄 아는 사람이 정말 행복한 사람입니다. 그런 나는 참 행복한 사람이다.'라고 김유영 작가는 이야기합니다. 행복은 멀리 있지 않습니다. 행복하다고 생각하는 순간이 행복입니다. 행복은 기쁨이 있는 신바람 나는 삶이고, 보람 있는 삶이 행복이며, 저의 정신과 물질로 타인에게 위로가 될 수 있을 때의 유익함이 함께하는 삶이라고 했습니다.

저는 잠재의식에 행복의 씨앗을 심고 기쁨과 행복의 미소로 가꾸려고 노력했습니다. 오늘의 삶에 만족하며, 감사하는 마음으로 행복의 씨앗을 가꾸어 후배들에게 모두 나누고 싶습니다. 그러기 위해 행복을 열심히 배우고 실천하고 있습니다. 저의 배움을 나누고 싶은 마음은 미소를 만들었습니다. 미소는 행복의 문을 여는 열쇠를 저에게 안겨 주었습니다.

행복은 과학이었습니다. 『행복의 특권』62쪽에 행복의 과학에 대해 이렇게 적혀 있습니다.

'행복에 대한 정확한 개념은 세상의 모든 정보를 다 알려주고 있는 구글에서도 정의를 내리지 못 하고 있다. 행복이라는 단어 속에 너무나도 많은 내용이 담겨있고, 행복을 느끼는 개인에 따라 달라지기 때문이다. 사람들이 느끼는 행복은 주관적인 것이다. 결국 우리 스스로 삶에 대해 어떻게 느끼고 있는지에 관한 것이 행복이 아닐까 한다. 그렇다면 행복에 대한 최종 심판관은 결국 자기 자신이다.'

행복의 이러한 특성 때문에 행복을 연구하는 학자들 역시 개별적인 사례와 증언에 의존할 수밖에 없다고 했습니다.

'마틴 셀리그먼'은 행복이 즐거움, 열정, 의미라고 하는 세 가지 요소로 이루어져 있다고 했습니다. '아리스토텔레스'의 '유다이모니아'는 원래 성장과 발전을 의미하는 단어로, 무지갯빛 환상이 아니라 자신의 잠재력을 실현하기 위해 노력하는 과정에서 느끼는 희열이라고 정의했습니다. 또 '행복의 기반은 긍정적인 감정 상태이다'라고 이야기합니다.

노스캐롤라이나 대학의 유명한 행복 전문가 '바버라 프레드릭슨'은 행복과 관련된 열 가지 감정을 '기쁨', '감사', '평온', '관심', '희망', '자존심', '즐거움', '영감', '경외심', '사랑'이라고 규정했습니다.

행복이란 그저 좋은 느낌에 불과한 것이 아니고, 개인적인 기쁨을 넘어서 공동체의 성공까지 아우르는 실로 광대한 개념이라고 했습니다. 긍정 심리학 전문가들은 성공이 행복을 중심으로 돈다고 주장합니다. 또한 우리가 행복하고 긍정적이며 열정적일 때, 비로소 성공이 따라온다고 말합니다. 행복이 먼저고 성공은 그 다음이라는 것이죠. 다양한 분야에서 성공한 사람들은 행복을 성공 이후에 따라오는 보상이라 여기지 않고, 긍정적인 감정 상태를 계속해서 유지했기 때문에 성공을 거둘 수 있었다고 했습니다. 행복이 성공을 이끌어줍니다. 행복이야말로 성공을 가늠하는 가장 중요한 요인이라고 할 수 있습니다.

행복에 관한 수많은 연구사례들 중에서 가장 대표적인 것이 수녀들의 일기장입니다. 노트르담 수녀원은 180명의 수녀들에게 매일 일기를 쓰도록 하고 50년이 지난 뒤 수녀들의 일기를 분석했습니다. 스무 살 시절의 일기에 미래를 예언하는 긍정적인 내용이 많았던 수녀들은 그렇지 않은 수녀들보다 평균 10년 이상 더 오래 살았습니다. 85세가 넘은 수녀의 일기 중 일기 내용을 조사한 행복지수는 상위 4분의 1에 해당하는 90%의 사람이 생존한 반면 제일 낮았던 4분의 1은 34%만 살아 있었다고 했습니다. 더 오래 살기 위해 수녀들이 일부러 스무 살부터 행복한 마음을 가지려고 노력했던 것은 아니지만, 꾸준히 긍정적인 감정을 유지해 온 수녀들이 동료들보다 더 건강하고 더 오래 살 수 있었던 것입니다.

다시 말해 '건강하고 오래 살기 때문에 행복한 것이 아니라, 행복하기 때문에 더 건강하고 더 오래 살 수 있는 것이다.'라고 했습니다 (『행복의 특권』 숀 아처, 청림출판, 2012).

긍정의 마음가짐으로 언제나 웃고 즐겁다는 생각을 해야 행복하다고 합니다. 행복해서 웃는 것이 아니라 웃어야 행복하고, 성공해서 행복한 것이 아니라 행복해서 성공하는 것입니다. 수녀들의 연구에서처럼 언제나 긍정적인 마음으로 생활하면 젊음을 유지할수 있고 건강하게 장수하며 성공적인 삶으로 이어진다는 사실을 알았습니다.

행복은 갑자기 오는 것이 아닙니다. 배움의 자신감으로 전진하면 행복을 만날 수 있다는 사실을 확인했습니다. 행복은 우연한 기회로 얻을 수 있는 결실이 아닙니다. 어려움을 피하지 않고 맞서 부딪히는 순간, 즐거움과 보람을 느낄 수 있습니다. 행복을 나누는 삶,

그것이 배움의 행복입니다.

알고 있는 것을 나누지 않으면, 저의 행복 역시 고인 물이 된다는 것도 배움에서 찾았습니다. 열심히 퍼내고 깨끗한 물을 계속 채워 넉넉히 담아 늘 웃고 긍정적인 사고를 독자에게 전하고 싶습니다. 그것을 위해, 행복의 과학을 배웠고 저는 그 과정 속에서 더 행복해졌습니다.

행복은 전염된다

저는 유튜브 방송 [크다야TV]에 출연해서, 배움으로 행복을 찾았고 저의 행복을 모두에게 나누고 싶다고 이야기했습니다. 유튜브 방송이 나가자 며칠 만에 조회 수가 1,000명이 넘었고, 40일이 지나자 2,000명이 넘었습니다. 웃으면 행복하고, 행복하면 웃게 됩니다. 웃음과 행복은 전염성이 강합니다. 『행복의 특권』 290쪽에서 "행복은 전염된다."라고 했습니다. '니컬러스 크리스태키스'와 '제임스 파울러'는 개인의 행동이 주변 사람들에게 어떤 영향을 미치는지를 살펴보고 '그 영향은 바퀴살처럼 직선 형태로 뻗어나가는 것이 아니라 접시에 가득 담긴 스파게티 면발처럼 복잡하게 얽힌 경로를 따라 퍼져나간다.'라고 했습니다. '개인의 행동과 태도는 가족과 친구, 직장 동료 등 직접적으로 관계를 맺은 사람들뿐만 아니라, 간접적으로 알고 있는 사람들에게까지 3단계에 걸쳐 확산된다.'고 주장합니다. 또

한 '자신에 대한 변화의 노력은 당신이 알지 못하는 사이에 주변의 많은 사람들의 삶에 영향을 미치고 있는 것이다.'라고 했습니다.

파울러는 "내가 미치는 영향은 내 아들에게서 멈추지 않는다. 그 파장은 내 아들 친구의 부모님에게까지 퍼져 나간다. 그리고 그 영향은 금방 사라지는 것이 아니라 지속적으로 누적되고 3단계로 이루어진 인맥 네트워크 속에 평균적으로 1,000명의 사람들이 포함된다고 추정한다. 당신이 이룩한 행복과 성공은 주변 사람 1,000명의 인생에 긍정적인 영향을 미치고 있는 것이다."라고 했습니다.

저는 이 글을 읽고 직접 경험한 사실에 놀랐습니다. 저는 유튜브 방송 [크다야TV]에 출연하고, '행복은 전염된다.'라는 글귀를 경험했습니다. 저의 행복이 많은 사람들에게 전염되었다는 사실에 배움의 행복이 가져다준 파급효과를 실감했습니다. 저의 행복이 더 많은 사람들에게 전염되고 있다는 사실을 믿고, 행복을 전파하기 위해 더욱더 열심히 행복을 배워야겠다고 생각했습니다.

'감사합니다.', '감사합니다.'라는 단어가 계속 나옵니다. 배움은 저를 행복하게 하는 원동력이 되었고, 언제나 감사함을 느끼게 하고 있습니다. 수전증의 장애로 메모가 어렵고, 음성 또한 불규칙하지만 컴퓨터가 있어 '배움에 도전할 수 있다.'라는 자신감을 가져봅니다. 컴퓨터로 입력하는 글자 하나하나에 정성을 담아 지면을 채우는 것에 '감사합니다. 또 감사합니다.'라고 외칩니다. 배움의 행복은 사랑이고 용서이며, 감사함이라고 생각합니다.

저는 고독한 어르신, 음지에 갇힌 청소년들에게 봉사하기 위해 배움에 도전했습니다. 제가 학력이 짧아 내면의 고통을 겪어 보았기에 사회에 선한 영향력을 발휘하겠다고 결심했습니다. '꿈은 이루어진다.'라는 신념을 가지고, 배움에 전념하고 있습니다.

우리 부모님 세대는 보릿고개의 악몽에서 본인의 행복보다는 부모님을 섬기고, 자녀들 뒷바라지에 우선순위를 두고 젊음을 바치셨습니다. 저는 시골에서 태어나 그 시대 상황을 곁에서 지켜보았습니다. 저의 부모님과 온 마을 어르신들은 조부모님을 포함한 마을 어르신들과 이웃 마을 어르신까지 극진히 모시고 존경하셨습니다. 또 마을 어린이들도 서로 돌봐주시고 화목하게 지내셨던 모습을 결혼 전까지 지켜보며 배웠습니다. 그렇게 우리 세대들은 어르신들의 교훈을 받고 배우며 자랐습니다. 시대가 변하고 핵가족화가 되면서, 이제는 온 가족이 오순도순 어울려 살아가는 모습이 먼 옛말이 되었습니다. 오늘은 왠지 그 시절이 그리워졌습니다.

1970년 처음으로 서울 생활을 시작했습니다. 그 당시 시골에서 상경한 사람들의 고통은 상상을 초월했습니다. 도시의 중심에서 사는 사람은 선비 같은 생활을 할 수 있었으나, 변두리에 사는 사람들은 불편한 생활을 했습니다. 공동 수돗가에 줄을 서서 차례를 기다려야 했고, 공동 화장실을 사용했습니다. 연탄아궁이와 석유난로에 밥을 짓고, 세탁기가 없어 찬물에 손빨래와 설거지를 했습니다. 청소도구는 빗자루와 쓰레받기가 전부였습니다. 그렇게 그 세대의 어르신들은 고생을 감수하며, 자식들 교육에 헌신하셨습니다. 서울에서 산 지 50년이 지난 저 역시, 제 자신의 존재보다는 타인의 행복을 위해 살고 있습니다. 저와 같은 70대 이상의 어르신이라 불리는 사람들은 그런 삶을 이어 가고 있습니다.

시대의 급속한 변화에 노인 인구 50%는 빈고, 무위고, 병고, 고독에 지쳐 있습니다. 우리나라 복지정책이 잘 되어 있지만, 그 복지 혜택을 제대로 누리지 못하는 분들이 너무나 많습니다. 그분들에게 조금이라도 도움을 드리고자 하는 마음으로 배움을 선택했습니다. 배우면 배울수록 모르는 것이 더 많다는 것을 느낍니다. 죽는 날까지 배워야 한다는 것을 더 깨닫고 있습니다.

세계 경제지수 10위인 우리나라의 국가 행복지수는 전체조사 대상 149개국 중 62위입니다. 거기에 자살률 1위 국가라는 불명예를 안고 있다니, 참으로 부끄럽습니다. 제가 받은 많은 혜택을 윗세대 어르신들에게 나누어 드리면서 작은 도움이라도 드리고자 배움을 선택해서 행복합니다.

제가 가진 발음장애 때문에 봉사자의 자질이 미흡하다는 생각이 들었습니다. 이에 전문지식을 갖추기로 결심하고, 사회복지학을 선택했습니다. 배움을 실천하며 꾸준히 노력하던 중 우연히 하게 된 유튜브 방송 [크다야TV]를 하게 되었습니다. 저의 행복이 전파되어 많은 사람에게 위로가 되었다니, 다시 한 번 행복이 전염되었다는 사실을 확인했습니다. 많은 책에 수록되어 있는 나비효과 & 물결효과를 사실로 받아들였습니다.

'행복'이라는 단어는 누구나 일상에서 늘 쓰는 단어입니다. 행복도 선택이라고 합니다. 성경 말씀에 "이웃을 사랑하라"라는 구절이 있습니다. '이웃을 사랑하라'라는 말은 말로는 쉽습니다. 그러기 위해서는 자기가 자신을 먼저 사랑해야 이웃을 사랑할 수 있습니다. 자기가 행복해야, 자기 자신을 사랑할 수 있습니다. 자신이 행복해야 가족과 이웃, 나라까지 사랑의 범위를 넓힐 수 있습니다. 자기 자신을 사랑하지 않으면, 자기 가족을 사랑할 수 없습니다. .

저는 저를 사랑하기 위해 잠재의식에 다음의 문장을 채워 넣고 수시로 확언합니다.

- 나는 온 우주의 축복을 받아 행복합니다.
- 나는 언제나 열정적이어서 행복합니다.
- 나는 적극적이어서 행복합니다.
- 나는 긍정적이어서 행복합니다.

- 나는 용기가 있어 행복합니다.
- 나는 자신감이 넘쳐 행복합니다.
- 나는 꿈이 있어 행복합니다.
- 나는 무엇이든 할 수 있어 행복합니다.
- 나는 성공한 사람이 되어 있어 행복합니다.
- 나는 모든 일이 다 잘 되어 행복합니다.
- 나는 체력이 강해 원하는 곳에 갈 수 있어 행복합니다.
- 나는 무엇이든 배울 수 있어 행복합니다.

이 문장 외에도 행복에 대한 문장은 수없이 많습니다. 상황에 따라 저는 계속 만들어 채우는 습관을 실천하며, 늘 행복한 마음을 가져 봅니다. 세상에 존재하는 모든 만물은 사랑받고 행복하기 위해 태어났습니다. 우리는 서로 사랑하고, 존경하며, 함께 행복해야 합니다. 나라가 행복하고 이웃이 행복해야 내가 행복합니다.

아프리카 속담에 "혼자 가면 빨리 가지만, 함께 가면 멀리 간다."라는 말이 있습니다. 이렇게 풍요롭고 아름다운 세상에 우리 모두 행복을 전파하면 함께 멀리 갈 수 있을 거라고 생각합니다. '행복하기 위해서는 자기 자신에게 부끄럼 없는 삶을 살아야 한다.'라는 말을 실천하기 위해, 저는 오늘도 꾸준히 행복을 전파하기 위해 배우고 있습니다.

배움의 실천

저는 23세에 결혼하고 서울 생활을 시작했습니다. 열두 명의 식구가 함께 생활하는 시댁 생활 일 년 만에 분가했습니다. 건어물 가게를 시작으로, 안 해본 장사가 없을 정도로 실패를 반복했습니다. 안정적인 수입이 있는 직장인이 욕망의 대상이었습니다. 가진 지식이 없으니 직장인은 꿈도 꾸지 못 하고 가슴만 태웠습니다.

삶의 고비마다 배움의 한이 마음을 무겁게 했습니다. 그 시절 보험설계사, 화장품 외판원이 여성의 직업으로 선호도가 높았습니다. 저는 손으로 글씨를 쓰지 못해 그 일을 할 수 없었습니다. 제가 할 수 있는 것은 오직 장사하는 것밖에 없다고 생각했습니다. 몸으로 하는 일은 뭐든지 자신이 있었습니다. 직장인은 될 수 없다고 생각하고, 상업에 열중하여 직원을 고용하는 사업주가 되었습니다.

저에게 장사가 최우선이었고, 직원이 그 다음 순위였습니다. 제 자신과 가족보다 직원과 고객 관리에 더 신경을 써야 했습니다. 그 당시 직원에게는 월급 제공은 기본이고 숙식을 함께하며, 한 식구로 지냈습니다. 그러니 매 식사 시간마다 새 밥에 새 반찬을 차려야 하는 일이 일상이 되었습니다. 행여나 직원들이 불평할까 봐 노심초사하며, 직원들의 비위를 맞추며 바쁘게 살았습니다.

바쁜 일상에서 자녀들을 키우며, 제 자신의 학력 부족을 이유로 장사에 매진하고 가족을 소홀히 한 것에 대해 미안한 생각이 들었습니다. 제가 고등교육을 받고 직장을 다녔더라면, 가족을 위해 헌신하며 아이들도 잘 키울 수 있었을 텐데 하고 생각하며 배움이 부족한 자신을 원망했습니다.

첫 아이가 초등학교에 입학하고 '가정 환경조사서'를 가지고 왔습니다. 지금까지 사업에 몰두하며 아이에게 학력을 밝힐 일이 없었기에, 아이에게 어떻게 설명해야 할지 눈앞이 캄캄했습니다. 펜을 들어 무의식 중에 중학교 졸업이라 적었습니다. 마음이 무겁고 양심의 가책이 느껴져, 제 마음은 아팠습니다. 둘째 아이가 입학하고, 학년이 바뀌고, 상급학교 진학 속에서 같은 상황이 되풀이되었습니다. 거짓 기록의 양심의 가책은 눈덩이처럼 점점 커져서 저의 가슴을 무겁게 짓누르게 되었습니다.

둘째와 10년 터울로 늦둥이 막내가 태어났습니다. 아이들을 키우며 "사람은 거짓말하면 안 된다. 정직하게 살아야 한다. 신용을 잘 지켜야 한다."라는 것을 강조했습니다. 정작 엄마인 제 자신은 학력을 속이고 있다는 죄책감에 시달려야 했습니다. 자신을 속인다는 것은 더 많은 죄를 짓는 행위라고 생각했습니다.

저의 귀하고 어여쁜 자녀들에게 똑같은 실수를 더 저지르지 말고 배움을 실천하자고 다짐했습니다. 새벽 6시부터 가게 문을 열고 자정까지 하루 18시간의 중노동을 했습니다. 노동이 최선이라고 생각했습니다. 그 중에 시간을 내어 공부하는 게 쉽지 않았습니다. 하지만 저는 실천했습니다. 막내 초등학교 입학 전에 막내에게라도 '떳떳한 엄마'가 되어야 한다고 결심했습니다.

중학교 졸업장을 취득하기 위해 검정고시학원에 등록했습니다. 40대 중반의 나이로 세 자녀에게 떳떳한 엄마가 되겠다는 결심으로 배우려고 했지만, 학원 다니는 시간을 내기도 어려웠습니다. 사장인 제가 없으면 고객들이 그냥 돌아갈 거라는 막연한 생각이 들어 정신 집중이 안 되었습니다. 물론 선생님 말씀도 들리지 않았습니다. 수학, 영어의 대문자, 소문자, 필기체, 인쇄체 등 온통 어려운 것만 가득했습니다. 생업의 피곤함으로 자주 졸음에 빠지는 저에게는 한마디로 지친 몸을 달래는 장소이며 시간이었습니다. 숙제를 받았지만 귀가해도 숙제도 못 하는 날이 많았습니다. 결석도 많이 하며 6개월을 다닌 어느 날, 시험 날이 돌아왔습니다.

시험 응시 접수 후, 어떻게든 합격해야 한다는 결심으로 밀린 공부를 열심히 하고 시험을 치렀습니다. 공부도 제대로 못 하고 시험을 치르니, 불안감은 심해지고 발표일까지 모든 일이 손에 잡히지 않았습니다. 드디어 발표 날이 돌아왔고, 합격했다는 소식을 듣고 저는 날아갈 듯이 기뻤습니다.

그동안 가슴을 무겁게 짓누르던 배움 한의 응어리가 터졌습니다. '중학교 졸업'이라고 학력을 위조했다는 죄의식에서도 벗어났습니다. 그렇게 중학교 졸업장은 저의 구세주가 되었으나, 기쁨도 순간이었습니다. 다시 삶의 현장을 지키는 파수꾼의 자리로 돌아갔습니다.

수입의 절반을 세 아이의 사립초등학교 등록금으로 투자했습니다. 자녀들의 성장을 지켜보며, '세 아이의 교육을 마친 후 내 인생을 찾아야지.'라는 생각을 하고 저의 배움은 뒤로 미루었습니다. 외환위기에 환율 급등으로 유학비가 증가해도 마음만은 한없이 즐겁고 자랑스럽게 생각했습니다.

아무리 경제적 여유가 있어도 소비해주는 자녀가 없는 것보다 내가 열심히 모은 돈을 소비하는 자녀가 있어 다행이라는 생각이었습니다. 또 그에 맞추어 사업도 더 번창했습니다. 역시 돈을 잘 쓰면, 그보다 더 많이 채워진다는 사실을 그 당시에는 우연이라 생각했는데, 배움을 통하여 확실히 증명되었습니다.

무인년(1998) 4월 18일, 자전거 동호회 창립회원으로 가입해 전국을 누비고, 산악회도 따라다녔습니다. 그 활동 속에서 행복을 찾으려 했으나, 행복은 어디에서도 찾을 수 없었습니다. 저는 다시 일을 찾아 생업에 매진했습니다. '송충이는 솔잎을 먹고살아야 한다'는 말처럼 저의 안식처를 일터라고 생각하며 다시 그 속에 빠져들었습니다.

무지의 세계를 탈출하는 기회는 출근길 버스 안에서 우연히 만났습니다. '경복고등학교부설 경복방송통신고등학교 학생모집(나이 제한 없음)'의 광고를 발견하고 망설임 없이 신청했습니다. 마음속에 가득 찬 열등감을 털어내는 배움을 시작하자, '사람은 죽을 때까지 배워야 한다.'는 생각이 가슴에 꽂혔습니다.

'배우지 못한 과거를 후회하지 말고 실천하자!'

'배워야 자존감을 높일 수 있다. 행복의 지름길은 배움이다.'

'배움 마당의 문은 언제나 열려 있다. 배움을 실천하자!!'

'어제는 없다. 내일은 아직 오지 않았다. 오늘, 지금, 바로, 실천하자!'

'오늘의 찬란한 태양은 오늘에만 있다. 오늘의 태양은 내일 다시 뜨지 않는다. 어제의 태양을 가져올 수도 없다.'

'같은 강물에 두 번 발을 담글 수 없다.'

'[시작이 반이다.]라는 속담을 믿고 배움을 실천하자!!'

'어떤 일을 할 때 시작이 어렵다.'

'해야지, 해야지 생각하기는 쉽지만, 망설이고 또 망설이고 미루다 보면 시계는 돌아간다.'

이렇게 좋은 글을 자신의 것으로 만드는 것이 배움의 실천입니다. 퇴계 이황은 자신의 아들에게 "알면서 실천하지 않는 것은 참된 앎이 아니다."라고 했습니다. 저도 배움의 실천을 알았으니 '참된 앎을 실천하자!'라고 생각했습니다.

생각하는 즉시 실천하지 않으면 시간은 벌써 멀리 달아납니다. '배움은 실천이 답이다.'를 되뇌이며, 모르는 것을 알면서 배우지 않는 것은 죄를 짓는 것이다.'라는 글귀를 가슴에 채워놓고 죄를 짓지 않으려 배움을 실천하고 있습니다. 배움을 습관화하고 실천해야 삶의 행복한 변화가 생깁니다. 실천하지 않고 생각만 하는 것은 '장님 코끼리 만지기'입니다. 건강하고 꾸준한 습관을 유지하는 것은 배움 실천이 답이라고 생각합니다.

배움은 나의 근(勤)검(儉)이다

다산(茶山) 정약용이 강진에서 유배생활을 하며, 아들에게 보낸 편지 내용 중에서 저의 기억을 되살려 적어본 글입니다.

"너희들에게 밭떼기도 물려주지 못 하나, 규언 두 글자를 주겠노라. 이 두 글자를 마음에 새겨 가난에서 벗어나 잘 살도록 하여라. 한 글자는 '근(勤)'이고, 또 한 글자는 '검(儉)'이니라.

이 두 글자는 일생동안 닳지 않으며, 좋은 닭전보다 나을 것이다.

'근(勤)'은 지금 할 일을 내일이나 나중으로 미루지 말라는 것이다.

'검소함(儉)'이란 한 벌의 옷을 만들 때마다 앞으로 계속 오래 입을 수 있을지 없을지 생각해서 만드는 것이다. 겉으로 보이는 것보다 본질에 충실하라는 말이다. 음식도 목숨을 이어갈 수 있을 정도면 그것으로 괜찮다. 인간이 이 세상에서 귀하다는 건 정성의 마음이 있기 때문이다.

그러므로 전혀 속임이 있어서는 안 된다. 단 한 가지 쉬 속일 수 있는 건 자신의 입과 입술이다. 아무리 맛없는 음식도 입과 입술을 잠깐 동안 속이며 지내다 보면, 배고픔이 가시어 굶주림을 면할 수 있을 것이다. 이렇게 해야만 현명하게 가난을 이길 수 있을 것이다.

'근'과 '검'이 두 글자는 손을 댈 곳이 없는 것이니, 너희들은 절대로 명심토록 하여라."

– 『생각하는 대로 된다. 김상열,아인북스』

저는 이 편지에서 '근'과 '검'을 보는 순간 어린 시절이 생각났습니다.

어른들은 늘 부지런히 일하셨고, 아이들도 나름대로 부모님을 도우며 자연스럽게 집안일을 배웠습니다. 저의 기억 속에, 제 나이 4세 때 두 살 아래 동생 손을 잡고 같이 다니던 생각이 났습니다. 저도 어렸기에 동생을 업어 주지 못하고 손을 잡고 걸음마부터 시작했습니다. 동생을 데리고 다니며 넘어지면 일으키고 울면 달래주었습니다. 동생과 함께 부모님의 심부름을 자주 다니던 기억도 떠오릅니다.

　어느 해 여름 앞마당 멍석 위에서 어머니 젖을 먹던 동생은 입은 어머니 젖꼭지를 물고, 제가 옆에 있어주기를 바라는 눈빛으로 저를 지켜보고 있었습니다. 저는 친구들과 뛰어 놀고 싶었지만, 항상 동생이 따라다녀 마음껏 놀 수도 없었습니다. 어머니는 그런 제가 안타까워 동생에게 젖을 먹이시며, 몸을 살짝 돌려 동생이 잠들 것 같다는 신호로 저에게 나가라고 손짓하셨습니다. 그 신호에 살금살금 나가려고 하면 동생은 눈치채고 울기 시작했습니다. 그러면 저는 다시 옆에 앉아 동생이 잠이 들 때까지 기다려야 했고, 때로는 먹던 젖을 멈추고 울면서 따라나서는 일이 많았습니다. 어린 나이에도 첫째, 둘째, 셋째 동생을 초등학교 입학 전까지 돌보며, 어머니가 하시는 길쌈도 배우고, 밥하고 청소, 빨래하는 것을 배우며 부지런히 일했습니다. 어린 시절, 부모님들의 근면성을 보고 익히며 생활했습니다. 그 시대의 저의 또래들은 대부분 그렇게 성장했습니다.

　'세 살 버릇 여든까지 간다.'라는 말이 그래서 나온 말일 것입니다. 그 말은 저에게도 이어져 저의 삶에도 부지런함이 몸에 배어 있습니다. '잠시 쉬어가며 일을 해야지.'라고 다짐해도, 순간을 놓치지 않고 움직이며 무언가 찾아내어 일을 하고 있습니다. 명상하는 시간도 순간으로 족합니다. 걷고 움직이는 것이 즐겁고 행복합니다. 칠십 줄 나이에도 일이 즐겁고 어떠한 환경에도 적응을 잘 하며 노년의 삶을 보람 있게 살기 위해 배움을 선택했습니다. 저의 부모님 세대에서 칠십 대는 백발노인으로 존경받으시며 장수하신다는 말을 듣고 계셨습니다. 저는 과학과 의학의 시대적 발전으로 건강한 정신, 건강한 신념과 육체를 가진 실버세대의 일원으로 의료복지혜택을 국가에 이바지하고 있습니다. 그리고 국가의 발전에 디딤돌이 되는 애국자라고 자신 있게 이야기합니다.

검소함도 제 생활에 녹아 있습니다.

저의 어린 시절 겨울에는 비단옷이 아닌 순면으로 만든 투박한 누비옷을 입었습니다. 여름이면 삼베나 모시옷을 입고 다녔습니다. 고무신이 해지면 "고무신 때워! 해진 냄비나 고무신 때워!" 하며 소리치는 땜장이가 오면 마을 사람들은, 구멍 뚫린 냄비, 해진 고무신도 가지고 나와 여러 번 때워서 썼습니다. 물론 옷과 양말도 몇 번씩 바느질로 기워 입고 신었습니다. 어른들은 나막신과 짚신을 신으셨고, 이렇게 어떤 물건이든 아껴 쓰고 재활용으로 다시 쓰는 어린 시절의 습관으로, 지금도 물건의 존재와 의미의 가치를 소중히 여기고 있습니다.

먹을 것 역시 마찬가지였습니다. 밥풀 하나 떨어진 것도 주워서 먹으라고 부모님은 말씀하셨고, 쌀 한 톨도 흘리면 주우라고 가르치셨습니다.

우리 식탁에 오른 한 알의 곡식을 거두기 위해, 농부는 땀 흘려 가꾸었음에 늘 감사한 마음을 가집니다.

어른들은 물을 아끼기 위해 세수한 물로 발을 씻고, 다시 그 물로 걸레를 빨아 청소를 했습니다. 마지막으로 그 물을 마당에 뿌려 먼지를 재웠습니다. 설거지한 물은 구정물 통에 모아 가축 먹이를 끓여주어 물 사용 가치를 높이고 아꼈습니다.

그렇게 어려서부터 보고 배운 절약 정신은 강산이 일곱 번이나 바뀌어도 고쳐지지 않습니다. 자녀들의 성화에도 식은 밥이나 반찬을 버리지 못하고 어떻게든 활용합니다. 헤프게 버리는 것을 줄이고, 공산품이나 의류를 버리는 것에도 죄의식에 마음 아픈 적이 한두 번이 아니었습니다. 시대의 변화를 잘 따라가고 있다고 자신 있게 말하지만 '근'과 '검'에 대해서는 아직도 배우는 단계입니다.

제가 절약하는 생활을 실천한다고 해서, 저의 절약 방식을 자녀들에게 강요하거나 아껴야 한다는 말은 하지 않습니다. 젊은 세대에 맞추어 풍요롭게 살아가는 그들을 응원하고 이해하며, 칭찬으로 소통해야 한다는 것을 배움에서 찾았습니다. 저는 시대의 변화에 앎을 찾아서 실행으로 옮겨야 어른이라고 생각합니다. 절약이 몸에 배어 아끼는 것에 익숙하지만, 배움에서 얻은 '돈' 쓰는 방법을 나름 잘 실행한다고 생각합니다. 배움을 모르던 과거에는 무조건 양보하고 겸손한 것이 미덕인 줄 알았습니다. 하지만 지금은 제가 잘 하는 것도 다른 사람들과 마음을 나눌 수 있습니다. 배움 덕분에 소비의 중요성과 절약의 미덕이 함께 공존한다는 사실을 알았고, '근'과 '검'의 뜻을 깊이 새기고 있습니다.

"이 두 글자는 좋은 밭이나 기름진 땅보다도 나은 것이니 일생 동안 써도 닳지 않을 것이다."라는 말을 시대의 흐름에 맞추어 환경 운동에 실천하고 싶습니다.

배움은 준비된 자의 기회

지난 세월을 돌이켜보니, 삶의 여정에서 많은 경험을 겪으며 '사람은 배워야 한다는 것 외에 다른 방법이 없구나.'라는 생각이 들었습니다.

'세상이 넓다'는 사실조차 모르고 시골 생활에 익숙했던 청소년기를 뒤로하고 이십 대 초반에 결혼했습니다. 도시 사람들의 생활은 밝아 보였습니다. 하지만 저에게는 어떻게 도시에 적응해야 하는지에 대한 기본적 지식이 전무했습니다.

시댁에서 일 년을 지내고 분가해서 살면, 신혼의 생활이 달콤함으로 가득 채워지리라 기대했습니다. 시어머님, 시아주버니와 큰 동서와 여섯 명의 조카는 우리 부부의 분가를 아쉬워하셨습니다.

저는 성인으로서의 인생이 시작되는 상업에 첫 발을 들여 놓았습니다. 하지만 저는 장사를 해 보지도, 배우지도 않았기에 고객을 어떻게 대해야 하는지도 몰랐습니다. 고객을 만나면 부끄러운 마음에 늘 당황한 상태로 고객을 대하니 번번이 실패했습니다. 제 성격이 너무나 내성적이고 냉정하며, 구변이 없어 상업은 적성에 맞지 않는다고만 생각했습니다. 그 시절에는 실패할 때마다 저의 성격 탓으로 돌리고 원망을 하며 지냈습니다. 지금 생각해보니, 모든 것에 자신감이 없었기에 고객을 대하는 방법을 몰라 고생을 했다는 생각이 듭니다. 지금 이십 대 젊은이들은 보고 들으며 배운 것이 많아, 장사도 잘 하고 전문직으로 성공하는 젊은이들이 많습니다. 요즘 시대에는 일자리가 없다고 아우성을 치지만, 그들은 배경 지식이 많아 무엇이든 잘 할 수 있다고 저는 굳게 믿습니다.

제 젊은 시절을 생각하면, 제 지식으로는 가정주부 역할도 제대로 할 수 없는 상황이었다는 생각이 듭니다. 하지만 젊은 그 시절, 저는 무식한 사람이 아니라고 생각했습니다. 그때는 무식함이 무엇인지 모르기에 안다고 생각했던 것이었습니다. 배움을 통해 알면 알수록 모르는 것이 더 많다는 사실을 확인합니다. 자신의 분야에서 작은 것이라도 꾸준히 배워야 한다는 것을 깨닫고 평생 학습의 중요성을 인식하게 되었습니다. 세월의 연륜에 실패를 경험으로 배우며, 장사꾼 삶의 바닥부터 배운 정직과 신용으로 자녀들을 성장시켰습니다.

건어물 장사를 시작으로 업종 변경 시마다 한 계단씩 올라야 했습니다. 한 계단씩 오를 때마다, 필요로 하는 신용과 자본도 같이 높아져서 준비와 계획이 필수였습니다.

생각과 고민도 함께 성장하고, 몸과 마음도 여러 갈래로 흩어졌습니다. 준비가 다 된 상황에서 할까 말까 망설임이 앞을 가로막아 포기를 해서, 물거품이 되는 경우도 있었습니다. 성공은 실패를 겪으며 배워야 했습니다. 실패의 과정을 통해, 다시 일어설 수 있는 용기와 자신감을 배울 수 있었습니다.

운칠기삼(運七技三) 이라는 말이 있습니다. 사람이 살아가면서 일어나는 모든 일의 성패는 운에 달려 있는 것이지 노력에 달려 있는 것이 아니라는 말입니다. 일을 할 때 운이 따라야 한다지만, 직접 경험하고 부딪혀 보아야 운도 따라온다는 것을 배울 수 있었습니다. 생각하고 실행으로 옮겨 배워야 한다는 사실을 저는 너무 늦게 알았습니다. 사실 지금도 모르는 게 너무 많습니다. 배우지 않으면 낙오자가 된다는 사실을 깨닫고 언제나 준비하는 자세로 배우며 기회가 오기를 기다리고 있습니다.

배움을 시작하고 행복은 멀리 있는 것이 아니라 가까이에 있다는 사실을 알았습니다. 그렇다면 배움도 같은 맥락이라 생각하고 배움을 가까이서 찾기로 했습니다. 수년 동안 배움의 기회를 찾아다니며, 자격증을 취득하기 위해 투자했습니다.

한식조리기능사, 요양보호사, 심리상담사, 실버레크리에이션지도자, 노인체육지도자, 사회복지사, 노인 심리상담사, 레크리에이션지도자, 웃음코칭상담사, 푸드아트심리상담사, 건강 가정사, 인지행동 심리상담사, 아동심리상담사, 노인여가지도자, 칭찬박사, 베이비시터, 영재놀이지도자 등 관심 있는 자격을 얻기 위해, 배움에 시간을 투자하고 자격증을 취득했습니다.

'배움은 준비된 자의 기회'라는 저의 철학은 '자격증만이 배움의 준비가 아니다.'라는 생각으로 이어졌습니다. 발길 닿는 곳마다, 배움의 장소이고 기회였습니다. 김효석 박사님, 민진홍 대표님과의 인연으로 'B.C. GLOBAL' 조찬모임 정회원이 되었고, 독서 모임, 책 쓰기를 배우며 작가의 꿈을 키웠던 것도 기회였습니다.

작가가 되고 싶어 책 쓰기를 시작하고, 글을 쓰면서 독서에 매달렸습니다. 훌륭하신 작가님의 책을 읽으며 저의 책 쓰기 준비가 부족하다는 것을 느꼈습니다. 더 많이 배우고 준비한 후 책을 써야겠다는 생각으로 책 쓰기를 멈췄습니다. 민진홍 대표님께서 빨리 책을 출판하라고 하시며 월간 출판전자책에 도전하라고 하셨습니다.

계속 준비하고 있었기에 전자책『내 나이 일흔 줄, 배움에서 찾은 행복』을 출간했습니다. 작가라는 명칭에 감사함을 느끼며, 책 쓰기를 계속 준비하던 중 갑자기 걸려온 후배 시인의 전화를 받았습니다.

"선배님, 이번 대한문학세계 시 부문에 응시하시면 어떨까요? 선배님은 감수성이 풍부하시고, 언제나 열린 마음으로 배움에 열정적이셔서 잘 하실 수 있으리라 믿습니다. 선배님 그동안 준비하셨던 작품 올리시면 당선되리라 믿습니다. 선배님! 마감 전까지 꼭 응시원서 올리세요."라는 전화를 받고 망설임 없이 응시했습니다. '월간출판' 경험으로 자신감이 생겼습니다. "그래 나는 할 수 있다!!"라는 마음으로, 그동안 준비한 자료를 정성껏 다듬어 제출했습니다.

저는 그동안 배움에 입문하여 꾸준히 준비했습니다. 저의 습관을 바꾸기는 쉽지 않았습니다. 그래서 저는 제 자신과의 약속을 지키기 위해 루틴을 정하고 '나는 할 수 있다.'라고 내면에 있는 아이에게 심어 주었습니다. 그 결과, 2020년 경자년(庚子年) 장미의 계절 5월에 대한민국 시인 명부에 유순호의 이름을 올렸고, 대한문인협회 (사)창작문학예술인협의회 회원이 되었습니다.

또 2021년 신축년(辛丑年) 10월에는 《쪼가 있는 사람들의 결단》(공저)을 출간하고 100세 라이프디자이너 최원교 대표님의 유튜브 방송 [크다야TV]에 출연하여 강의도 했습니다.

강의를 듣고 "선생님 강의를 보고 용기를 얻었습니다. 선생님 정말 훌륭하십니다. 대단하십니다." 등 많은 사람들이 남긴 댓글을 읽고 저는 너무 기쁘고 행복했습니다. 제 책을 낭독하셔서 유튜브 방송에 올려주신 분도 계셨습니다.

이 지면을 빌려, 김나경 낭독 작가님, 오순녀 대표님, 정상문 총재님, 유용희 위원장님께 감사함을 전합니다.

제19회 대한민국 청소년대상 祭典 지도자부문 문화대상
예명대학원대학교 유순호

위 사람은 한국청소년신문사가 주체하고 통일부, 여성가족부, 7개 국회상임위원회가 후원하는 제19회 대한민국청소년대상 제전에 위와 같이 수상자로 선정되었기에 이 상을 드립니다.

2021년 12월 11일
대회총재 정상문

위 증서는 대한민국청소년대상 표창부에 기입함. **한국청소년신문사장 홍순달**

2022 세계여성경영인위원회 「세계 여성의 날」 격려상

유순호

귀하는 열정적인 학구열로 모든 장애를 극복하고 이겨내어 훌륭한 여성으로서 타의 모범이 되므로 이에 격려상을 수여합니다.

2022년 3월 8일

세계여성경영인위원회 위원장 유용희

초등학교 졸업의 학력으로 배움을 멈추고, 준비하기 위해 꾸준히 실행하지 않았으면, 저는 시인, 작가, 강사의 명함을 취득할 수 없었다고 믿고 있습니다. 또한 세계 여성의 날 격려상을 받을 수 없었을 것입니다. 배움을 계속하여 사회에 봉사하라는 뜻으로 받아들이고 더 열심히 준비하겠습니다.

앞으로도 꾸준히 배움 줄을 잡고, '배움은 준비된 자의 기회'라는 것을 후배들에게 보여주고 싶습니다. 시간은 누구에게나 똑같이 주어집니다. 시간을 어떻게 활용하느냐에 따라 성패가 달려 있습니다. 성패로 가는 시간은 길어질 수도 있고 짧아질 수도 있습니다. '배움은 준비된 자의 기회'라는 것을 인식하고 시간 활용을 잘 해야 한다고 독자들과 후배들에게 꼭 전하고 싶습니다.

저는 세상과 이별해도 작가와 시인, 강사, 자원봉사자의 이름으로 영원히 숨 쉬고 있다는 생각에 온 세상을 다 얻은 기분으로 행복합니다.

"배움은 준비된 자의 기회이고 특권이다."를 되새기며 준비된 자의 기회를 목표로 하는 배움은 저만의 철학입니다.

배움은 즐거움

아기들의 해맑은 웃음을 상상하는 것만으로도 한없이 즐겁습니다. 저는 '배움' 의 두 글자만 생각해도 아기들처럼 웃고 있습니다. 저는 배움을 실천하기 위해 새벽 시간을 활용합니다. 그 시간을 활용해야 하루가 즐겁고 제가 계획한 일을 할 수 있기 때문입니다. 눈을 뜨는 순간, 손녀가 활짝 웃으며 저에게 안기는 상상을 하는 것을 시작으로 온 가족의 안녕을 소망합니다. '감사합니다.'를 연발하며, '와 오늘도 감사합니다! 즐겁습니다! 고맙습니다! 행복합니다!'하며, 몸을 흔들어 깨웁니다. 어젯밤 잠들기 전 오늘 할 일을 계획했던 것을 다시 꺼내 오늘의 가장 중요한 일, 시간분배를 생각해 봅니다. 침대에서 내려와 냉수 샤워를 하고 상쾌한 기분으로 하루를 시작합니다. 바로 줌 영상을 열어 새벽모임에 참석하여, 많은 회원들과 만나는 시간이 즐겁습니다. 함께 독서, 운동, 명상, 책 쓰기 등을 하며, 자기 계발을 위한 시간을 공유하며, 회원의 경험, 계획, 성공담도 들을 수 있습니다. 듣는 것만으로도 즐겁고 행복합니다. 그 시간도 많은 것을 배울 수 있는 배움의 기회입니다.

사회관계의 중요성을 실감하며, 『땡큐 파워』 저자 민진홍 대표님과 회원들에게 마음속으로 감사함을 전합니다. 대표님은 2021년 신축년(辛丑年) 계획으로 '새벽에 부자 되는 시간(새부시)'를 계획하여 줌 영상으로 회원을 모집하셨습니다. 저도 1월 4일 바로 가입하고 평생회원이 되었습니다.

배움을 선택하지 않았으면, 민진홍 대표님을 만나지 못했고, 새벽에 모이는 '새부시'가 무슨 뜻인지도 모르고 있었을 텐데, 저는 배움에서 행운을 얻은 것입니다. 대표님 덕분에 귀중한 새벽 시간 활용법을 배우며 즐겁고 행복한 새벽 시간을 보내고 있습니다. 배움을 실천하지 않았으면, 평범한 노년 생활에 익숙해져 있었을 것입니다.

2020년(庚子年) 1월 19일 코로나19가 발생했습니다. 저는 제2의 고향 서울생활 50년 만에 2월 14일 원주로 이사했습니다. 그 당시 "서울에서 왜 지방으로 가느냐?", "노년에는 병원 가까운 곳, 서울에 살아야 한다.", "멀리 가면 만나기도 어렵고, 타지에 가면 홀로 외롭고 쓸쓸한데 어떻게 이겨낼 수 있느냐?", "멀리서 학교는 어떻게 다니느냐" 등 많은 주변 사람들의 우려도 있었지만, 저는 계획대로 원

주에 정착했습니다. 물론 저 자신도 여러 가지 환경문제, 교통, 인과관계 등이 걱정은 되었지만 3개월쯤 적응 기간을 예상하고, '불편이 초래되면 다시 상경하면 된다.'라고 결심했습니다. 이사 후 코로나19는 점점 더 심해지고 대면이 어려워지는 상황이 되어 서울에 있어도 서로 만나기 어려운 상황이 되자 오히려 이곳 원주가 안전하다는 생각이 들었습니다. 또 줌 영상으로 전국에서 참여하는 회원들을 만날 수 있어 즐겁습니다. 위기가 아닌 기회로 생각하고 시간활용에 만족합니다.

이사 후 코로나로 만나지 못하던 친구도 많았으나, 고향 친구들은 5월에 찾아와 우려했던 것 이상으로 쾌적하고 한적해 자주 오고 싶다며 마음껏 즐기고 갔습니다. 그 이후로 로나19로 점점 더 사람들의 대면이 어렵게 되었습니다. 복잡하고 위험한 서울보다 이곳이 안전하다며, 친구들은 한여름 피서도 여기서 즐겼습니다. 서로의 어린 시절 고향의 추억을 찾아 동심으로 돌아가는 시간을 보냈습니다. 코 흘리던 모습부터 친구 집에서 같이 밤새워 놀고 새우잠을 자던 이야기, 큰 비가 오면 냇물을 건널 수 없어 어른들이 한 명씩 업어서 건너 주던 학교길, 언니들의 야밤탈출, 이웃집에 시원한 동치미 서리해서 달콤한 고구마와 맛있게 먹었던 얘기 등 누가 먼저라 할 것 없이 마음껏 떠들고 웃으며 밤새워 즐겼습니다. 언제 어디서나, 고향 친구의 만남은 즐겁고 포근합니다. 철없이 뛰어 놀던 고향에서의 추억은 잊을 수 없이 더욱 새롭고 선명하게 나타나 즐거움을 주었습니다.

'고향'이라는 귀중한 단어를 이 시대의 도시 어린이들은 느껴볼 수 없을 것이라 생각하면 안타까운 마음이 듭니다. 고향 추억은커녕 학교 친구와도 함께 어울리지 못하는 코로나19의 상황은 무럭무럭 자라는 학생들에게 어린 시절 추억마저도 앗아가고 있습니다. 하루속히 질병이 퇴치되어 서로 마음껏 소통하고 친구와의 우정을 쌓아, 먼 훗날 저의 어렸을 때처럼 즐겁고 행복했던 친구와의 추억을 되찾을 수 있는 날을 기대합니다.

저는 원주 낙향의 기회가 적절했다는 생각에 공기 좋은 이곳에 더 정이 들었습니다. 학교 수업도 줌으로 듣는 게 익숙하여, 모든 면이 "만족스럽다."고 친구들에게 말했습니다. 코로나19의 상황을 위기로 표현하기보다, 기회로 여기니 즐겁다고 말했습니다. 줌 강의를 통해 배우는 시간도 코로나19 위기의 기회를 잡은 것입니다. 코로나19의 위기가 오지 않았다면, 줌 영상으로 배움을 실천하지 못하고 서울로 다니느라 고생했을 것입니다.

배움은 언제나 저를 즐겁게 합니다. 온라인으로 자격증 취득도 할 수 있고, 유명 강사의 강의도 마음껏 들을 수 있습니다. 이동 중에도 다른 일을 할 때도 책을 읽어주는 유튜브 동영상을 들으면서,

독서도 시간과 장소를 가리지 않고 자유롭게 하고 있습니다. 제가 하고 싶은 대로 마음껏 할 수 있으니, 배움의 즐거움이 한없이 크고 즐겁습니다.

저는 만나는 모든 사람에게서 무엇인가를 배울 수 있는 사람, 마주치는 모든 사물에서 무엇인가를 배울 줄 아는 사람이 되고 싶습니다. '배움은 인생의 답을 찾는 과정이며 이것은 곧 즐거움이 된다.'라는 말이 있습니다. 이 문장 속의 배움처럼 저도 이런 길을 걷고 있기에, 저는 즐겁고 행복합니다.

공자는 배움을 자기 스스로를 위한 공부인 위기(爲己)하는 것이 아니라 사회와 타인을 위해 위인(爲人)하는 것이라고 이야기하고 있습니다. 자기의 영혼을 살찌우는 학문은 위기지학(爲己之學)이라며 경계했습니다. 자신의 삶을 즐겁게 살아갈 수 있는 배움도 중요하지만, 타인을 행복하게 하는 배움 또한 즐거운 것이며 이것은 사회를 건강하게 이끌어가는 하나의 강한 힘이라 생각합니다. 그리고 그것은 후대에 가르침을 통해 소통된다고 했습니다(목포시민신문 인용). 저는 배움의 목적이 봉사하기 위함이었는데, 배움을 계속할수록 즐거움이 더 증폭됩니다.

공자님의 말씀대로 제 개인의 즐거움도 중요하지만, 타인을 행복하게 할 수 있다는 자부심에 배움이 더 즐겁습니다.

배움은 뇌의 활성화

생각은 꿈이 아니고 현실입니다. 생각하는 대로 현실이 됩니다. 생각을 하면 뇌가 살아 움직입니다. "우리의 뇌는 편안함을 싫어합니다. 뇌를 괴롭히는 일을 많이 해야 합니다(이시형 박사)."

우리 뇌는 먼저 목표점에 가서 기다리고 있다고 생각합니다. 어떤 아이디어가 올지 기다리고 있다가, 아이디어가 오지 않으면 다시 제자리로 돌아가는 습성이 있습니다. 좋은 아이디어가 왔다고 기뻐했지만, 그 아이디어와 연결되어 있지 않으면 울면서 되돌아가는 습성이 있습니다.

우리의 뇌가 웃을 수 있도록 생각을 반복해서 계속 채워주면, 그대로 저축이 됩니다. 언제라도 필요하면 꺼내 쓸 수 있는 지식 연금 저축통장인 셈입니다. 저는 "100세 시대 효자는 돈도, 자녀도, 친구도 아니다"라는 말을 믿습니다. 뇌가 건강해야 정신도 건강합니다. 뇌가 건강하려면 공부를 계속 해야 합니다. 생각을 미루지 말고 실천하며, 읽고 쓰고 움직이는 부지런한 생활을 해야 합니다. 뇌가 건강하려면 읽고 써야 한다는 말은 또 저의 마음을 아프게 했습니다. 저의 수전증이 걸림돌이 되어, '손으로 글씨를 써야 한다.'라는 글이나 말이 나오면 모든 게 백지 상태가 되었습니다.

하지만 배움을 시작하고 그 메모의 공포에서 벗어났습니다. 뇌를 활성화시켜 할 수 있다는 자신감을 저축하고 늘 긍정의 마음을 채워 즐겁고 행복합니다. 이 책을 쓰기 전부터 많은 걱정과 불안감이 찾아와 방해를 했습니다. 뇌 과학을 공부하지 않은 저는 저의 뇌 상태를 정확히 모릅니다. 하지만 할 수 있다는 자신감을 저축하면 뇌를 활성화시켜 효율적 가치로 높일 수 있다는 것을 어렴풋이 알게 되었습니다. 저는 배움을 실천하면서, 뇌를 얼마나 많이 쓰는지에 따라 세포가 증가하거나 감소하기도 한다는 사실을 직접 체험했습니다.

메모하기가 힘든 저는 컴퓨터 자판을 누르기도 어렵습니다. 그래도 컴퓨터 덕분에 책을 출간할 수 있음에 감사하며, 아픈 마음을 달랩니다. 이렇게라도 문서를 작성할 수 있다는 사실에 감사함을 더하여 지면을 채웁니다. 뇌 활성화는 자신만이 할 수 있고, 얼마나 활성화되었는지도 나만이 알 수 있습니다. 메모가 어려우면 음성녹음으로 문서 작성을 할 수 있다고 지인들이 조언해 줍니다. 그 조언대로 음성녹음으로 문서 작성을 해 보았습니다. 네이버, 구글도 제 음성인식을 못 하고, 오타만 남겼습니다. 혹시나 하는 마음에 몇 번을 반복해도 결과는 똑같았습니다. 그럴 때마다 상처를 많이 받았습니다. 요즘도 '음성녹음 기능이 좀 더 나아졌나?'라는 마음에 가끔 음성 인식기를 실험해 보지만, 결과는 마찬가지입니다. 손가락 하나로 찍는 독수리 타법이 속도는 느리지만, 저에게는 최선의 방법이었습니다. 토끼와 거북이의 경주를 생각했습니다. 보통 사람과는 다른 신체조건을 가진 제가 배우는 것을 포기하지 않고 꾸준히 하면, 뇌가 더 활성화되고 발전된다는 사실이 놀랍고 대견합니다.

이제 우리가 살아가야 하는 현실은 4차 산업혁명이 이루어지는 21세기입니다. 100세 시대를 인공지능 로봇과 함께 살아갑니다. 코로나19로 시대의 변화는 더욱 빨라졌고, 과학과 의학 또한 빛의 속도로 발전하고 있습니다. 의학의 발전으로 노년기 인구는 기하급수적으로 증가되어 국가의 복지 부담이 커지고 있습니다. 나이가 들수록 육체 건강만큼 정신 건강이 중요합니다. 정신도 육체를 돌보는 것처럼 세심하게 살펴보고 관리해야 합니다.

저는 배움을 실천하며 육체와 정신을 돌보았기에 건강 상태가 양호해, 의료비 지출은 거의 없습니다. 이 점에서도 제 자신을 애국

자라고 자부합니다. 거기에 배움의 문이 활짝 열려 있어, 누구나 배울 수 있습니다. 저 역시 70대 중반이지만 다양한 문화를 접하고 배우며, 저의 뇌를 활성화시킬 수 있음에 감사합니다.

'먹고사는 것을 걱정하던 어린 시절과 젊은 시절에 비하면 얼마나 다행인가'라고 생각하면 꿈만 같습니다. 주어진 기회를 잡을 줄도 알고, 배움도 실천하고 있습니다.

저는 자신만의 철학으로 정신건강을 키우고 있습니다. '한 치의 오차 없이 차근차근 배움의 집을 짓고 뇌 활성화에 도움이 되도록 하자. 생각하면 이루어진다.'라는 말을 되뇌어 봅니다. 꼭 하고 싶은 일, 꼭 해야 할 일을 정해놓고 저의 뇌를 활성화시킵니다.

'나의 뇌는 건강하다.'라는 말을 반복해서, 저의 잠재의식에 저축하고 있습니다. '생각은 꿈이 아니고 현실이다.'라는 말을 마음속에 받아들이고 있습니다. 생각하는 대로 뇌가 활성화되어 배움을 성장시켜 제 자신과 이웃, 크게는 국가에까지 도움을 주고 싶습니다. 배움으로 뇌가 활성화되어 몸과 마음, 영혼이 건강한 저는 늘 즐겁고 행복합니다.

배움의 자신감

소극적인 저는 학력이 낮은 것 때문에 자존감이 많이 떨어졌습니다. 생업의 현장을 지키며 자녀들의 교육이 우선이었습니다. 언제나 제 자신은 뒷전이었고, 저를 위한 투자는 생각도 못 했습니다. 공교육을 제대로 받았다면 세상이 넓다는 사실을 미리 알고 적응하기 수월했을 텐데 하고 생각을 했습니다. 시간이 돈임을 알고, 과거에 집착하는 것은 시간낭비라고 생각했습니다.

배움에 입문하여 매 순간 위기가 왔지만, 그때마다 마음을 안정시키고 미래의 모습을 상상하며 전진했습니다. '나도 할 수 있을까?'라는 두려움의 말 대신, '나는 할 수 있다.'로 말을 바꾸어 자신감을 키우기 시작했습니다.

'습관은 하루아침에 만들어지지 않는다.'를 생각하니, 이제 습관을 만들 수 있다는 자신감이 싹트기 시작했습니다. 작심삼일, 세 번,

일곱 번을 계속해서 21일을 지속하다 보면, 60~90일이 지나야 습관의 열매를 얻을 수 있다고 합니다.

'나는 할 수 있다!'

'과거를 후회하지 말고, 지금 이 순간 시작하자!' 오늘, 지금, 이 순간, '나만의 자신감'을 심었습니다. 잘 가꾸고 키우기 위해 시간을 투자하려고 합니다. 시간은 정말 소중합니다. 오직 '나만의 시간'을 어떻게 분배하고 활용할 것인가, 어떻게 시간을 아낄 것인가를 먼저 생각했습니다. '먼저 TV시청을 중지하고 새벽을 이용하자!'고 결심하니, 할 수 있다는 자신감이 싹트기 시작했습니다.

항상 뒷전이었던 저 자신을 전진하게 하는 것이 우선 과제였습니다. 밝은 태양을 맞이해야 했습니다. '시간을 잘 활용할 수 있는 자신감을 키우자.', '태양처럼 빛나는 배움 꽃을 피우자!', '생각은 꿈이 아니고 현실이다.' 작심삼일을 계속하여 배움을 실천하고 자신감이 앞섰습니다. 배움 꽃을 피울 수 있다는 자신감을 제 마음 가득 채웠습니다. 배움이 습관이 되고, 습관이 행동이 되어가고 있다는 자신감은 마음 밭에 잘 자라고 있었습니다.

'배울 수 있다.'는 저만의 자신감은 목표가 또렷했습니다. 대뇌가 살아나와 움직이고 있었습니다. 자신감을 키우면, 저의 '대뇌'는 목표 앞에 나타나 미소로 반겨주었습니다. 저는 크게 웃고 있습니다.

웃으니까 행복했습니다. '행복해서 웃는 것이 아니라, 웃으니까 행복하다.'라는 말은 사실이었습니다.

'나의 뇌가 항상 웃을 수 있도록 자신감을 채우자!'

'웃을 수 있는 자신감은 배움이다.'

저의 행복을 표현하는 자신감 넘치는 웃음을 채우고 배움을 저축했습니다. 언제라도 찾아 쓸 수 있는 '배움의 자신감 통장'을 개설했습니다. '배움의 자신감 통장은 지식연금통장'이라고 생각했습니다. 지식연금통장은 건강도 지켜준다고 생각하고, 지식연금통장을 배움의 자신감으로 채웠습니다.

'나는 할 수 있다!'는 자신감은 배움의 성과였습니다. '학력이 낮아서 할 수 없다'라는 고정관념의 터널을 뚫고 나올 수 있었던 것도 배움의 자신감이었습니다. 배움의 자신감은 오늘을 행복하게 합니다. 어제는 이미 지나갔고, 내일은 아직 오지 않았습니다. 오늘 이 시간, 저만의 자신감으로 행복을 만끽합니다. 저의 배움의 자신감은 무엇이든 망설임 없이 할 수 있게 했습니다.

'시작이 반이다.'

사람은 누구나 어떤 일을 할 때 망설입니다. 미루다보면, 시작할 수 있는 때를 놓칩니다. 오늘의 태양은 오늘에 있습니다. 오늘의 태양은 내일 다시 뜨지 않습니다. 내일 뜨는 태양은 내일의 태양입니다. '같은 강물에 두 번 발을 담글 수 없다.'라는 말이 있습니다. 시간도 마찬가지입니다. 강물이 멈추지 않고 흐르기 때문에 같은 강물에 담글 수 없듯이, 무슨 일이든 지금 이 시간 실행해야 한다고 생각했습니다.

이 순간, 자신감을 품어 배움 줄을 잡고 따라가자!

앎을 찾는 자신감, 그것은 겸손이었습니다. 오만하지 않는 자신감을 찾아야 합니다. 공자의 가르침을 따르기로 결심했습니다. '배우면 겸손해진다.', '벼는 익을수록 고개를 숙인다.'라고 했습니다. 배움의 자신감은 겸손을 잉태합니다. 생각만 하고 실천하지 않으면 배울 필요가 없습니다. 배우고 겸손한 자세로 나누고 베푸는 사회 속에서 저는 배움의 자신감을 찾아 나누며 살아갈 자신이 있습니다. 행복은 갑자기 오는 것이 아닙니다. 배움의 자신감으로 전진하면 행복을 만날 수 있습니다. '행복은 우연한 기회로 얻을 수 있는 결실이 아닙니다.' 어려움을 피하지 않고 맞서 부딪히는 순간 우리는 즐거움과 보람을 더 크게 느낄 수 있습니다. 배움의 자신감은 행복으로 이어집니다.

배움의 행동

행동하지 않으면, 배울 수 없습니다. 어떤 생각도 행동하지 않으면 무익합니다. 배움은 행동으로 저를 이끌어 줍니다. '왜 배워야 하는지? 배우기 위해 어떻게 행동해야 하는지?'에 대해 생각해 봅니다. 행동하지 않으면 배움의 문이 닫힙니다. 배움 문을 여는 행동은 너무나 쉽습니다. 실행만이 배움 행동입니다.

배움이 있어야 몸이 행동하고, 몸이 행동해야 마음 밭을 넓힐 수 있습니다. 마음 밭이 넓어야 좋은 씨를 많이 뿌릴 수 있습니다. 마음 밭을 잘 가꾸려면, 배움을 부지런히 행동으로 가꾸어야 합니다. 마음 밭에 배움 씨를 정성껏 심고, 명상기도로 밑거름을 주며 마음 밭의 부정 잡초를 뽑아줍니다. 뇌 운동, 신체 운동 등 정신과 육체에 생명수를 공급하는 행동은 무한합니다.

배움이 행동을, 행동이 습관을, 습관이 성공을 끌어냅니다. '습관'은 일시적으로 만들어질 수 없습니다. 행동의 '꾸준함'으로 습관을 만들어야 합니다. 행동하지 않으면, 성공의 열매를 거둘 수 없습니다. 배움을 행동으로 실천하지 않으면, 무지는 행동을 멈추게 합니다.

배움만이 행동의 열쇠입니다. 배움으로 행동의 문을 열어야 합니다. 저의 배움 행동은 동서남북에서 성공의 길, 행복의 문을 활짝 열어주었습니다. 배움 행동은 건강과 행복의 연결 통로입니다. 통로를 선택하고 배움으로 따라가는 것이 저의 배움 행동입니다. 배움 행동을 위해 매일 새벽 눈으로 읽고 또 읽고, 보고 또 보며, 저는 큰 소리로 아래 글을 확언합니다.

〈배움 자세를 유지하는 7가지 비결 & 배움 명언 10선〉

1. 나이와 상관없이 통하는 인생의 지혜는 〈죽을 때까지 공부를 계속하라〉는 것이다. 일생 배움의 자세를 잊지 않고 지속해서 공부하는 사람은 영원한 젊은이다.

2. 〈만나는 모든 사람, 마주치는 모든 것이 나의 스승〉이다. 순수한 배움의 자세로 다른 사람들로부터 배워 인간의 분모를 크게 하라.

3. 아랫사람에게 묻는 것을 부끄러워하지 마라. 자기보다 나이

어린 사람, 지위가 낮은 사람, 능력이 모자란 사람, 그들의 의견에 겸허하게 귀 기울이고 항상 배움의 자세를 유지하라. -공자

4. 창조력과 변화 적응력은 감성에 의해 길러지고, 감성은 본질을 꿰뚫어 보는 능력을 통해 키워진다.

5. 고민과 방황을 겪어본 사람에게서는 인생의 깊은 향기가 풍겨 나온다.

6. 책을 읽을 때 우리의 정신은 활발하게 움직인다. 독서습관을 들여라.

7. 크고 다양한 힘을 지니고 있으면서도 끊임없이 낮은 곳으로 흐르고, 형태를 바꿔가면서 잠시도 고이지 않는 〈물처럼 살면서 발전하는 사람이 되어라〉.

8. 인생은 끊임없이 올라가는 것, 사람의 일생은 무거운 짐을 지고 언덕을 오르는 것과 같다. 서두르면 안 된다. -도쿠가와 이에야스

〈배움 명언 10선〉

1. 나는 스승에게서 많은 것을 배웠고, 친구에게서 많이 배웠고, 심지어 제자들에게서도 많이 배웠다. -탈무드

2. 배움은 우연히 얻을 수 없다. 그것은 타는 열정으로 구해야

하며, 부지런함으로 참여해야 한다. -아비가일 애덤스

3. 배움을 멈추는 사람은 20대건 80대건 누구나 늙은 것이다. 배움을 지속하는 사람은 누구나 젊음을 유지한다. -헨리 포드

4. 배움에서 가장 어려운 것은 배워야 한다는 것을 배우는 것이다. -칸트

5. 많이 보고, 많이 겪고, 많이 공부하는 것은 배움의 세 기둥이다. -벤저민 디즈레일리

6. 살아있는 동안에 배워라. 늙음이 현명함을 가져다주리라고 기대하지 마라. -솔로

7. 배우는 길에는 이제 그만하자고 끝맺을 때가 없다. 사람은 일생을 통해 배워야 하고 배우지 않으면 어두운 밤에 길을 걷는 사람처럼 길을 잃고 말 것이다. -태자

8. 평생 배우기에 힘써야 한다. 정신에 담고 머리에 집어넣는 것, 그것이 우리가 가질 수 있는 최고의 자산이다. -브라이언 트레이시

9. 배움을 멈추지 말아야 한다. 날마다 한 가지씩 새로운 것을 배우면 경쟁자의 99%를 극복할 수 있다. -조 카를롯

10. 청춘은 다시 오지 않고 하루해는 다시 밝기 어렵다. 좋은 시절에 부지런히 힘쓸지니 세월은 사람을 기다려주지 않는다. -도연명(네이버 지식백과)

CHAPTER 2
세월의 변화

배움은 비움이었다

　나이 줄이 길어 채워진 것도 많이 늘어났습니다. '너무 무겁게 짊어지면 힘이 드니, 쓸모없는 것은 하나씩 꺼내 다른 곳으로 보내줘야지!'라고 생각하면서 막상 보내려고 하면, 같이 있고 싶다고 울면서 제자리 찾아가는 것을 지켜보기만 했습니다. '할 수 없지! 그럼 내치지 않을 테니 그 자리 얌전히 지키고 있어야 해!'라고 혼잣말을 하며, 다시 껴안고 애지중지 키웠습니다. 정성껏 키우니 점점 번성해서 집 안을 가득 채웠습니다. 집 안만 채워지는 것이 아니고 제 마음과 정신까지 그것들이 점령해 몹시 혼란하였습니다. 일손도 잡히지 않고, 제가 아끼고 사랑하는 것과 귀중한 것도 모두 같이 섞여 있으니 귀중품인지 폐품인지 분간이 어려웠습니다. 저의 정신과 마음을 다잡기 위해 보내야 했습니다. 이별이 아쉽지만 '우리는 헤어져야 한다 생각하며 미련 두지 말고 오늘은 꼭 보내야지!' 라는 마음만 계속 따라 다녔습니다. 그래서 언제나 무거운 짐을 떨치지 못하고 데리고 다니느라 너무 힘들었습니다. 강산이 일곱 번 변하는 동안 무슨 미련이 그리도 많아 떨쳐내지 못하고 껴안고 살았는지 지금도 이해할 수 없습니다.

장자의 글에 "낙출허(樂出虛)"라는 글이 있습니다. 아름다운 음악 소리는 빈 것으로부터 나온다는 뜻입니다. 가득 찬 것보다는 조금 빈 것이 좋습니다. 도를 깨우치는 것은 하루하루 불필요한 것을 비워내라는 뜻입니다.

모든 것을 맛보고자 하는 사람은
어떤 맛에도 집착하지 않아야 한다.
모든 것을 알고자 하는 사람은
어떤 지식에도 매이지 않아야 한다.
모든 것을 소유하고자 하는 사람은
어떤 것도 소유하지 않아야 하며,
모든 것이 되고자 하는 사람은
어떤 것도 되지 않아야 한다.

- 『고수의 일침』 38p 십자가의 성 요한 재인용

모순처럼 보이지만 모순이 아닌 진리입니다. 대기만성(大器晩成)은 "큰 그릇은 완성이 없다."는 뜻입니다. 완성되었다고 생각하는 순간 더 이상 성장할 수 없기 때문입니다. 대음희성(大音希聖), 대상무형(大象無形)이란 말도 있습니다. 가장 큰 소리는 들리지 않으며, 가장 큰 형상은 형체가 없다는 뜻입니다.

'어설프게 알면 그 어설픈 지식 때문에 더 큰 지식을 얻지 못한다 (한근태, 『고수의 일침』 38~39p).'

저는 이 글을 보며 비워야 채워진다는 것을 알면서도, 제가 "실행하지 않은 것은 실행하지 않았기 때문에 실행하지 못한 것이다."라고 생각했습니다.

배움은 이렇게 저를 실행하도록 성장시켰습니다. 저는 어설프게 알았기 때문에 비우지 못했던 것이었습니다.

제 이름 '유순호'는 남자 이름이라는 말을 어릴 때부터 들었습니다. 남자 이름이라는 말을 들을 때마다 왜 그렇게 기분이 나쁘고 신경질이 났는지요. 지금 생각하면 별일도 아닌데 어렸을 때는 그 소리가 정말 싫었습니다. 세월에 묻혀 잊고 있었는데, 배움을 시작하며 이름이 좋아야 성공한다는 말을 들었습니다. 성공하는 이름을 짓기 위해 작명소를 찾는 세상이 되어 있었습니다. 다시 저의 내면에서 남자 이름이라는 내면아이가 저를 귀찮게 했습니다. 제 마음에서 제 멋대로 하고 싶은 충동이 일어났고, 남자 이름을 바꾸고 싶어 상담을 시작했습니다. 작명소 선생님은 이름을 바꾸면 복잡하니 호를 지으면 쉽다고 권유하시며, 호를 지어 주셨습니다. 도담(陶啿) 질그릇 도, 넉넉할 담, 품이 '넉넉한 그릇'이 된다는 뜻이라고 하셨습니다.

호를 정하고 저는 날아갈 듯 기분이 좋았습니다. '과거에 집착하지 말고 환경과 마음 깊은 곳에 있는 것을 정리하고 앞으로 가볍게 살아가자! 건강한 정신과 육체만 남기면 된다. 모두 비워내고 투박한 질그릇에 꼭 필요한 것만 넉넉히 담아야 한다.'라고 다짐했습니다.

이제부터 '도담(陶啿)'에 담을 것을 찾아야 했습니다.

첫 번째, 자신감을 담았습니다.

두 번째, 용기를 담았습니다.

세 번째에 희망을 가득 담았습니다.

담고 싶은 것은 많았지만, 더 이상 담는 것은 과욕이라 생각했습니다. 자신, 용기, 희망을 가꾸어 많은 독자들에게 나누어 주고 싶었습니다. 비워야 새 것을 채울 수 있다는 비움의 참뜻을 알았습니다. '배움은 비워야 채울 수 있다'는 문장도 저의 '도담(陶啿)'에 담아 두었습니다.

배움으로 이어온 나의 인생

　사람은 태어나는 순간부터 배움이 시작됩니다. 각자 자신만의 배움을 터득하고, 하루하루 또 다른 욕구를 채우기 위해 배움이 시작되고, 같은 목적지를 향해 가는 길이 배움이라고 했습니다.

　저는 어릴 때부터 부모님, 가족, 이웃에게 자연스럽게 배우면서 자랐습니다. 지금 아이들은 소수를 제외하고 대부분 유아기부터 놀이방에서 양육됩니다. 놀이방을 시작으로 부모님보다 선생님으로부터 배우는 시간이 많습니다. 배움은 따로 분리된 것이 아니고, 삶 자체가 배움이라고 생각합니다. 어린이나 청소년시절은 물론 어른이 되어 현재에 이르기까지 삶의 과정 전체가 배움이었습니다. 특히 자연의 이치에 따라 사회 환경 속에서 배우며 성장한 저는 주변 환경의 영향이 제일 중요하다고 생각합니다. '사람은 태어나면 서울로 보내고, 망아지는 제주도로 보내라'는 말처럼 무엇을 보고, 들어야 하는지가 가장 중요합니다. 저도 '어려서부터 도시에서 성장했으면 배움의 필요성을 깨달았을 텐데.'라고 생각하며, 우리 모두가 존경하는 훌륭하신 위인들의 가르침을 배우는 중입니다. 기독교의 성경말씀, 불교의 가르침, 각 나라의 문화적인 종교의식을 거스르지 않고 규율을 잘 지켜야 진정한 배움이라 저는 생각했습니다.

저는 모태 신앙으로 할머니가 창립하신 교회를 다녔습니다. 어린 마음에도 할머니를 따라 기도하고 착하게 살아야 한다는 것을 배우고 실천했습니다. 저의 할머니는 1930년대 초반 미국인 선교사 뚜우 전도사를 유숙시키며 교회 발전에 이바지하신 분이십니다. 인심이 후하셔서 어려운 이웃을 많이 도우시며 선교사의 인연으로 교회를 창건하셨다는 말을 많이 들었습니다. 덕분에 마을 아이들은 두메산골에 교회가 있어 주일학교 선생님과 산상예배도 자주 다니며 서로 장난치고 놀 수 있었습니다. 그렇게 어린 시절 즐겁게 뛰놀며 공동생활을 배웠습니다. 어른을 공경하고 이웃을 사랑하고, 부지런히 일하시는 부모님의 모습을 보며 자연스럽게 성장했습니다. 그러나 갑작스런 도시 생활의 저는 산촌 태생 우물 안 개구리였습니다.

삶의 과정마다 고난의 연속이었고 해결 방법이 미비해 배움이 절실했습니다. '사람은 죽는 날까지 배워야 한다.'라는 말은 알고 있었습니다. 하지만 실천하는 방법을 몰랐습니다.

'사람의 마음에는 인, 의, 예, 지, 네 가지의 덕이 있다.'라는 공자의 가르침이 있습니다. 저는 '네 가지 덕'을 갖추지 못해 언제나 자신이 없었습니다. 지식이 없는 저는 '네 가지 덕'을 갖추려면 그 뜻을 정확히 이해하고 배워야 한다는 사실을 너무 늦은 나이에 알았습니다.

'늦었다고 생각하는 지금이 제일 빠르다.'라는 사실을 저는 다행히 알고 있었고, 바로 시작했습니다. 배움을 시작하고 '어떤 일을 하지 않으면, 어떤 일도 일어나지 않는다.'를 생각하며 어떤 일이든 찾아서 했습니다. 60대 중반 우연하게 만난 방송통신고등학교로부터 출발하여 '디지털서울문화예술대학교'를 거쳐 예명대학원대학교에 올인 하기까지 쉼 없이 달려왔습니다. 그 목적은 평생교육의 중요성, '사람은 죽는 날까지 배워야 한다.'라는 것을 행하며 봉사하고 싶었던 결심을 성공적으로 이끌기 위한 실천이었습니다. 늦었다고 포기하려는 독자들에게 '배움으로 이어온 저의 인생'이 도움이 되기를 바라는 마음입니다.

배움에서 자연 사랑을 찾다

생명의 중요성을 인식하고 인류의 무례함이 자연 훼손에 미치는 영향이 크다는 사실을 깨우쳤습니다. 한 사람의 힘은 미약하나, 한 사람으로 시작되는 변화가 거대하다는 사실을 알았습니다.

저는 언제나 자연은 그대로 주어지는 것, 받을 수 있는 것으로 생각했습니다. 하지만 배움을 실천하며 사람에게 끼치는 자연의 영향이 얼마나 중요한지 깨닫게 되었습니다.

사람이 중요한가? 자연이 중요한가? 자연도 사람도 모두 중요합니다. 사람이 살아가는 과정에 자연이 없다면 생존할 수 없다는 현실에, 저는 자연을 사랑하지 않을 수 없었습니다. 자연을 사랑하지 않는다면, 제 삶의 가치 또한 없는 것입니다. 한 방울의 물도 아껴야 했고, 함부로 버려지는 쓰레기를 보면서 너무나 안타깝고 지구에 미안했습니다. '생활 속에서 흔히 쓰고 있는 도구를 어떻게 활용하면 오염을 줄일 수 있을까?라는 생각을 해 보았습니다. 마음으로만 미안해하지 말고 저부터 실천해야겠다고 다짐했습니다. 제가 먼저 솔선수범하여 실천해야 내 가족, 내 이웃, 우리나라가 움직인다고 생각했습니다. 환경을 아끼고 사랑하며 환경보존에 앞장 설 것입니다.

제가 가지고 있는 것에 만족하고 아끼며 사랑하고 소중히 다루기로 했습니다. 저는 이미 많은 자연의 재물을 가지고 있었습니다. 건강도, 정신도, 자연도 모두 다 제 것이었습니다. 사람들은 자연은 개인 소유가 아니라고 했습니다. 하지만 저는 떠도는 공기, 스쳐 지나가는 바람, 하늘, 땅, 하늘에 높이 떠 있는 구름 등 모든 자연을 제 것으로 생각하고 소중히 여기게 되었습니다. 정말 한없이 많은 것을 가지고 있는 저를 발견했습니다. 그렇게 많은 자연이 저의 것이라는 것을 생각하니 세상의 모든 것들이 소중했습니다.

사람은 자연에서 태어나 자연 속에 살다가 자연으로 돌아간다는 사실을 알면서도, 자연이 소중하다는 것을 놓치고 있는 것 같아 다시 생각하게 되었습니다. 제 것으로 생각하니 더 아끼고 사랑하는 계기가 되었습니다. 제가 먼저 소유욕을 버리고, 밝고 맑은 정신으로 삶을 살아야 자연을 사랑하는 것이었습니다. 도구도 무조건 구입하고, 음식도 먹고 싶은 대로 먹으면 탈이 난다는 것을 알면서도 실천하지 않았습니다. 저는 자연을 함부로 대했고, 쓰레기를 만들어내는 물질문명의 이기적 삶을 살고 있었습니다.

　그동안 얼마나 어리석고 한심하게 살았는지 자연에게 미안한 생각이 듭니다. 배움을 실천하며 정신과 육체가 건강해졌고 모든 일이 즐겁고 행복했습니다. 자연을 아끼고 사랑하는 건강한 저의 마음에 언제나 감사했습니다.

　하늘 아래 제가 있고, 땅 위에 제가 서 있습니다. 태양과 밤하늘에 빛나는 별과 달을 보며 온 우주 자연 속에서 육체와 영혼이 함께하고 있는 저는 행복이 넘치는 사람입니다. 그리고 저의 행복이 넘쳐 전 세계인류 모두에게 전염된다는 사실을 굳게 믿고 있습니다. 저의 행복이 온 우주에 전파되어 자연과 인간이 함께 행복하기를 바라고 있습니다.

배움은 감사함이다

　먼저 저의 존재를 세상에 안착시켜 정성으로 키워주신 부모님, 감사합니다. 삼형제 중 둘째인 저의 아버님은 18세에 동갑인 어머니와 결혼하셨습니다. 부모님을 극진히 모시며, 육 남매를 낳으셨습니다.

　제 나이 14세 때, 6세인 다섯째를 홍역으로 잃으시고 다섯 남매를 키우셨습니다. 그 시절에는 홍역, 장티푸스 등 전염병으로 죽는 사람이 많았습니다.

　조부모님과 부모님의 사랑을 받으며 20세까지 성장한 저는 어머니의 부재가 가족들에게 얼마나 큰 상처인지 깨달았습니다. 삶의 현장에서 우여곡절이 많았으나 그때마다 엄마의 존재를 지키려 노력했고, 지금까지 잘 버텨온 제 자신이 기특하다고 생각합니다. 배움의 길에 입문하지 않았다면 아직도 자연과 저 자신에게 감사할 줄 몰랐을 것입니다. 자연에 힘입은 제 몸이 소중하다는 것을 생각만 하고 실행하지 못 하고 무리한 생활이 계속 이어졌을 것을 생각하면 저에게 미안합니다.

다행히 늦게라도 배움을 실행한 저 자신에게 "감사합니다."라고 큰 소리로 들려줍니다. 배움은 저에게, '고맙습니다, 감사합니다, 사랑합니다, 행복합니다, 축복합니다, 할 수 있습니다, 덕분입니다.' 등등 긍정적인 말을 자신에게 많이 들려줘야 자신감이 커진다고 가르쳐 주었습니다.

저는 '무엇이든 할 수 있습니다. 감사합니다.'라고 마음속에서 솟아 나오는, '할 수 있다'라는 단어로 저를 성장시켰습니다. 작은 것으로 시작해서 배움에 따라 행동했으며 습관을 만들었고 생각에서 멈추지 않았습니다. '즉시, 반드시, 될 때까지 한다.'라고 외치기를 실천했으며 실패를 두려워하지 않았습니다.

'실패는 성공의 어머니다.' 성공은 실패의 발판을 밟아야 올라갈 수 있습니다. 실패의 경험은 누구에게나 있습니다. 실패했을 때 좌절하지 않고 다시 일어날 수 있는 용기가 필요합니다. 배움은 저에게 용기를 주었고 실패의 원인을 파악하도록 분석해 주었습니다. 실패를 개선의 방법으로 받아들이지 않으면, 정신과 몸이 너무 힘들어 결국 건강에 적신호가 옵니다. 건강을 잃으면 점점 실패의 늪은 더 깊어지게 됩니다.

법정스님의 무소유를 생각해 봅니다. 빈 몸으로 와서 빈 몸으로 가는 인생, 모든 것을 비우고 시작하면 됩니다. 그러면 다시 정신이 맑아지고 정신이 맑아지면 체력이 향상되어, 다시 일어설 수 있는 용기가 채워집니다.

누구나 다 아는 사실이지만, 많은 학자들의 연구에서 밝혀진 긍정의 힘은 행동하지 않으면 찾을 수 없습니다. 오늘도 글을 쓰며 긍정 마인드로 삶을 살아가고 있는 저의 배움 행동에 감사합니다.

배움은 제 몸도 건강하게 만들었습니다. 물론 체질적으로 건강을 타고난 것도 사실입니다. 초등학교 6학년 때 병치레로 아버지 등에 업혀 병원에 자주 다녔던 기억은 있으나, 그 후 건강 때문에 고통받은 적은 없었습니다. 배움을 시작하고 "늦은 나이에 공부하면 건강에 무리가 온다."며 주변의 염려가 많았습니다. 하지만 저는 사람은 하고 싶은 일을 할 때 정신이 맑아진다는 것을 알았습니다. "정신이 맑아야 몸이 건강합니다."라고 했습니다. 저는 제가 하고 싶은 일을 하는 게 너무 즐겁습니다. 덕분에 누구보다 건강한 것에 감사하다고 늘 말합니다.

공부가 따로 있는 것이 아니라 삶의 일이라 생각합니다. 삶은 배움의 과정이었고 배움은 삶이었습니다. 집안 살림, 자연, 가는 곳, 머무는 곳이 배움의 장소이고 일이었으며 스승이었고 학교였습니다. 그중 건강에 제일 도움 되는 것은 자전거 타기와 독서, 긍정의 마음과, 웃음이었습니다. 자전거를 타면서, 자연을 감상할 수 있는 넓은 시야를 가질 수 있었습니다. 긍정적으로 보고 듣고 행동할 수 있어 언제나 "감사합니다."라는 말을 되풀이하며, 웃고 또 웃습니다. 건강한 몸과 자연에 늘 감사하고 있습니다. 독서는 자연이고, 스승이며 학교였고 친구였습니다. 건강한 배움은 늘 '감사'의 책 속에 꽃씨가 되어 행복의 꽃으로 피어 있었습니다.

"감사합니다."라는 말 한마디, 어디에서나 할 수 있는 일상적인 말입니다.

매일 감사 일기를 쓰는 사람들이 많습니다. 많은 사람들이 감사 일기를 하루 백 번씩 쓰는 이유는 무엇일까요? "감사합니다."라는 말을 들으면, 마음이 안정됩니다. 자기만의 언어 치료이기도 합니다.

저는 감사 일기를 하루 백 번씩 쓰고 싶어도 쓸 수가 없습니다. 그 대신 "감사합니다."라고 말하며 '소리일기'를 매일 백 번씩 합니다. 여러분들은 '소리일기'라는 단어 처음 들어보셨을 겁니다. '소리일기'는 제가 직접 말하는 저만의 감사일기입니다.

"감사합니다."라고 말하는 '소리일기'는 저의 아픈 마음을 달래주는 치료제이기도 합니다. 아무리 상대가 저를 무시해도 그 자리에서 자존감에 상처받지 않는 방법 또한 "감사합니다."입니다. 그를 통해 저도 타인을 존중해야 함을 배웁니다. "감사합니다."라는 소리일기로 온 우주 만물에 감사함을 표현합니다. 세계 각 나라마다 "감사합니다."라는 단어는 공통적으로 쓰고 있다는 사실을 배우게 되어 감사합니다. '소리일기'를 전할 수 있어 감사합니다. '소리일기'가 온 세계로 퍼져 모두가 행복해 하는 모습을 상상하며, 언제나 즐겁게 웃고 또 웃고 있습니다. 웃음은 감사이고 행복입니다. 웃으니까 행복했고, 행복해서 웃으니까 언제나 감사하게 됩니다. 오늘도 배움의 감사함에 더욱더 감사의 미소를 전합니다.

배움의 행동은 선택이 아닌 실천이다

배움을 실천하면 무엇이든 할 수 있다는 사실을 칠십여 년의 터널을 뚫고 나온 후에 알았습니다. "지난날은 후회해도 소용없다."는 말을 입에 달고 살아온 것이 부끄럽습니다. 그동안 저는 무척 영리하고 똑똑하다고 자만했었습니다. 어차피 '배우지 못한 인생인데.'라고 말하며 허물을 가리면서, 아는 척, 잘난 척, 자존감을 내세워 거짓 삶을 살았습니다. 부모의 자격도 제대로 갖추지 못한 채, 그런 대로 초등학교 졸업 학력으로 상업은 할 수 있었습니다.

돈만 벌면 모든 게 해결되고 행복하리라 믿었습니다. 새벽부터 자정까지 연중무휴로 생업에 매진하여 돈을 모았습니다. 설날, 추석도 큰댁이 이웃이라 일찍 제사를 지내고, 식사를 마치면 곧바로 가게 문을 열고 상업에 열중했습니다. 1970년대에 노동법도 몰라 하루 18시간을 상업에 헌신했습니다. 친척들의 경조사에도 남편과 함께 참석하지 못하고 친정 쪽은 남편이, 시댁행사는 제가 다니는 형식으로 이웃들의 큰일에도 언제나 교대로 다닐 수밖에 없었습니다. 직장인들은 출퇴근 시간이 있어 언제나 직장인들을 부러워했습니다.

그러던 어느 날 첫째 아이가 초등학교에서 가져온 가정 환경조사서에 부모님 최종 학력을 중학교 졸업으로 기재하고 양심의 가책을 느꼈습니다. 그 후로 자존감은 바닥을 치고 한없는 구덩이로 빠져들기 시작했습니다. 점점 삶의 죄책감에 빠져 의욕을 잃었고, 정신건강 악화로 고통을 받았습니다.

어쩔 수 없이 죗값을 면하기 위해 검정고시로 중학 과정을 마쳤습니다. 저는 거기에 만족했고 다시 삶의 현장을 지켜야 했습니다. 배움의 열망도 만끽하지 못한 채, 자녀들의 교육비는 더 상승했고 그를 감당해야 했었기에 어쩔 수 없이 상업에 의존할 수밖에 없었습니다. 저와 같이 낮은 학력으로 상경한 시골 출신들은 거의 같은 삶을 살았습니다.

어느덧 아이들의 교육도 마감되었고 자신의 생활을 찾기로 결심했습니다. 그러나 마음은 여전히 불안했고 삶의 허무함을 느끼게 되어 다시 일을 시작했습니다. 우연한 기회에 다시 배움의 길로 들어설 수 있다는 사실을 알게 되었습니다.

가정환경과 나이에 상관없이 배울 수 있는 4차 산업 로봇 시대를 알게 되었습니다. 배워야 한다는 사실을 한 권의 책에서 발견했습니다. '늦었다고 생각하는 지금이 가장 빠르다.', '배우는 일에는 때와 장소가 없다.', '돈이 없어도 배울 수 있다.', '방대한 지식보다 배우려는 태도가 중요하다.', '실패는 성공의 어머니다.', '인생은 길고 시간은 짧다.', '알고 있다는 것은 모르는 것이다.', '알면 알수록 모르는 것은 더 많아진다.', '벼는 익을수록 고개를 숙인다.', '행동하지 않으면 아무 일도 일어나지 않는다.', '내 탓으로 돌리면 마음이 편하다.', 『명심보감』에 나오는 '일시의 분을 참으면 백일의 근심을 면한다.' 등 많은 '명언'들을 찾아냈습니다. 지난 삶에서 무수히 들어 알고 있다고 생각한 글들이었습니다. 하지만, 진정 내 마음에 담겨 있는 것은 허풍 밖에 없었습니다. 실행하지 않았기 때문이었습니다.

책을 읽을 수 없다고 생각했으며, 눈이 아프고, 어렵고, 졸리다 등 핑계 아닌 핑계를 댔습니다. 제가 생각했던 독서는 상류층의 지식인들만 하는 것이라 여기고, 저에게 사치라고 생각했습니다. 책 속에 답이 있고, 돈이 있고, 지식이 있고 스승이 있다는 사실을 모르고, 세월만 보냈던 것입니다. 강산이 7번이나 변한 후에 알았으니, 세상을 바라보는 능력이 없었던 것입니다.

저 스스로, '나는 가난하다.', '학력이 부족해서 내가 하고 싶은 것을 할 수 없다.'는 고정관념을 버리지 못하고 마음속에 자책감으로 키워온 것입니다.

배움은 한탄만 하지 말고 실행해야 한다! 과거를 후회하지 말고 오늘을 소중히 여겨라! 두 번 다시 실패를 되풀이하지 않기 위해서는 배움을 실천해라! 세월은 빠르게 변하고 있는데 새로운 것을 배우지 않으면 시대를 따라가기 어렵다! 등등 많은 명언들이 귓전을 때렸습니다. 망설임 없이 행동으로 옮겼고 실천했습니다.

경복방송통신고등학교를 졸업하고, 디지털서울문화예술대학을 거쳐 예명대학원대학교에서 석사과정을 마치고 현재 사회복지학 연구 중이며, 메타버스 전문가 과정을 배우고 있습니다. 배움이 있는 곳은 어디에나 참석했고, 자격을 갖추기 위해 투자했습니다. 무슨 일이든 생각에 멈추지 않고 실행으로 옮겨 실천으로 습관을 길러야 한다는 사실을 독자들과 후배들에게 전하고 싶습니다.

배움으로 찾은 나의 건강

저출산 고령화 문제가 심각한 사회문제로 대두되고 있습니다. 더구나 이 시대, 베이비붐 세대들과 우리 세대들 대부분 시골 출신입니다. 고향에는 부모님만 남겨두고, 우리 세대 대부분은 도시를 제2의 고향으로 알고 살아왔습니다. 그런 상황에 급박하게 변화된 고령사회와 은퇴시기를 맞아 직장을 떠나야 했고 노노케어의 상황에 접하게 되었습니다. 그들은 자신의 노후준비도 제대로 못하고 자녀들의 뒷바라지에 젊음을 바쳤다고 생각합니다. 젊음 하나로 가난의 역경을 극복한 사람들입니다. 자신의 노후 준비는 생각도 못하고, 자녀들을 잘 키우면 노후가 보장된다는 일념으로 자녀들에게 투자한 세대입니다. 그러나 자녀들의 효도를 받기는커녕, 자녀들에게 부담의 존재가 되어 사회의 뒤안길을 쓸쓸히 걷고 있는 상황이 되었습니다.

그들 대부분은 본인들이 노부모님을 공경하며 당연히 모셔야 한다고 생각하고, 자녀들을 열심히 키운 세대입니다. 그래서 이 세대를 부모님을 모시는 마지막 세대, 자녀들에게 처음으로 내버려진 세대, 틈에 낀 샌드위치 세대라고 말하고 있습니다. 베이비붐 세대들과 우리는 부모님을 잘 모실 수 없다는 죄책감마저 떠안아야 하는 시점입니다.

더구나 코로나19로 인해 요양원에 계신 부모님의 면회사절에 더욱 가슴 아파하는 사람들이 많은 것으로 알고 있습니다. 코로나19 감염의 우려로 가족의 왕래가 뜸해져 부모님과 형제들의 우애도 더 악화되는 상황입니다. 언제, 어디서, 누가 오든지 가족처럼 반겨주신 고향의 어르신들인데, 이웃은 두말할 필요도 없고, 가족들마저 모일 수 없는 상황이 되었습니다. 이 현실에 누구를 원망해야 할까요?

"먼 친척보다 가까운 이웃이 낫다."는 말이 무색할 정도입니다.

물론 화상통화로 부모님께 안부를 전하는 사람도 많지만, 자식들이 아예 돌보지 않아 쓸쓸히 계시는 어르신도 많다고 합니다. 그런 모습을 곁에서 지켜봐야 하는 상황에서 해결 방법이 쉽게 생길 것 같지 않다는 생각에 마음이 무겁습니다.

경로당에서 어르신들이 모여 서로 간의 안부를 묻고, 온 마을 일을 남의 일이 아닌 자신의 일로 생각하셨습니다. 이웃의 자녀들의 방문을 서로가 자기 자식처럼 반기시던 모습이 엊그제 같은데, 코로나19로 일상의 모습이 바뀌게 된 지 벌써 2년이 지났습니다. 삭막한 관계의 모습을 탈피하는 날을 기대해 보며 하루속히 우리 모두의 삶이 즐거워지는 그런 날을 소원하는 마음입니다.

노노케어라는 단어가 유행이 아닌 현실이 되었습니다. 고령사회의 대처방법으로 각자 자신의 건강관리를 철저히 하여 예방관리에 초점을 맞추어 운동습관을 길러야 합니다. 운동은 몸과 마음을 건강하게 하는 우리 모두의 명약이며 치료제라 생각합니다. "기력이 약해지기 전에 건강관리를 잘해야 한다."고 말씀하신 김형석 철학 교수님의 가르침을 받아 모두가 건강하고 행복하기를 기대합니다. 고령사회에 진입한 은퇴자들과 우리 세대들의 안녕을 위해, 배움으로 건강을 지키며 노후를 즐겁게 보내는 저의 모습을 독자들에게 전하고 싶습니다.

배움의 즐거움

배움에서 얻은 저만의 즐거움을 무엇이라고 표현할 수는 없습니다. 배움으로 인해 바뀐 저의 일상은 온통 즐거움이었습니다. '무엇 때문에'가 아닌 '무엇 덕분에'로 말을 바꾸면 인생을 보는 눈이 바뀐다는 저의 철학이 배움을 즐겁게 했다고 생각합니다. 실제로 코로나 덕분에 저는 배움의 시간이 많아 즐겁습니다.

일상생활 중 많이 겪는 마음의 불안은 '덕분에'가 아닌 '때문에'라고 생각했기 때문일 것입니다. 제가 자신감이 없을 때, 부정적 마음이 저의 마음의 선두에 서 있었습니다. 하지만 부정적인 마음을 접고 배움을 시작했을 때, 뒤따르는 배움의 즐거움을 경험한 저는 가슴이 활짝 열려 있는 것을 발견했습니다. 이 과정에서 저 자신을 믿는 긍정의 씨를 심고 당당한 자세를 유지하면 가슴이 열릴 수 있다는 사실을 밝혀냈습니다.

자신을 위하고 칭찬하며 다독여야 한다는 것은 누구나 알고 있는 사실입니다. 그러나 우리 연배인 60대, 70대에서는 자신을 위하고 칭찬하는 사람이 드뭅니다. 저의 즐거움을 독자들에게 나누고자 '배움이란 이런 것'에 대해 글을 써 보려고 합니다.

과거의 저는 타인의 눈치를 보며, 제가 하고 싶은 대로 행동하는 것이 불가능했습니다. 가슴속에 숨어 있던 부정의 씨가 타인을 의식했기 때문이었습니다. 낯선 사람이 늘 조심스럽고, '저 사람이 나를 무시하는 것 같다'라는 생각이 마음속에 먼저 자리 잡고 있었습니다. 사람들에게 무조건 잘 보여야 된다는 어설픈 마법의 탈을 쓰고 있었기 때문이었습니다. 하지만 배워야 한다는 열정의 힘을 사용해서 마법의 터널을 탈출했습니다. 배움의 문을 열어, 진정한 즐거움과 행복함을 찾아냈습니다.

배움은 언제나 '덕분에'를 선두에 세워 즐거움으로 인도했습니다. 그 덕분에 모든 일이 긍정으로 다가와 항상 즐겁고 행복했습니다. '배울 수 있다.'는 자신감을 가지고 사회를 바라보았습니다. 우리 사회에서는 자신이 원하는 만큼 행복을 가질 수 있다고 생각합니다. '덕분에'의 힘으로 제 자신이 행복하고, 저의 행복이 우리 국민 모두에게 전파되리라 믿고 있습니다. 국민에게 전파된 '덕분에'의 힘으로 불평이 사라지고 웃음꽃이 만발한 사회로 발전될 것이라고 생각합니다.

코로나로 힘든 시기이지만, 저의 배움도 코로나 '덕분에'라는 말로 바꿔 보았습니다. 오프라인 교육에서 비대면 온라인 줌 수업으로 바뀌면서 시간도 단축되었고, 복잡한 교통문제도 해결이 되었습니다. 일상생활의 여유와 배움에 투자하는 시간이 늘어나 더욱 즐겁습니다.

온라인 줌 교육은 머무는 모든 곳이 배움의 장소가 되었습니다. 저는 배움의 즐거움과 행복을 위해 온라인 줌 교육을 찾아다녔습니다. 온라인 줌 교육 '덕분에' 사람과의 관계성이 회복되었고, 사회관계망의 통로가 확보되었습니다. 이렇게 유용한 사실을 알면서도 시도하지 않는 우리 친구들이 안타까울 따름입니다.

제가 배움의 문을 열고 들어오지 않았으면, 온라인 줌 교육이 즐겁다는 사실조차 모르고, 우물 속에 갇힌 개구리 신세였을 것입니다. '덕분에'를 찾을 수 있게 배움의 문을 열어 주고 이끌어 주신 모든 분께 감사드립니다. 또한 꾸준한 실행으로 배움의 즐거움을 만끽하고 있는 제 자신에게 고맙고 장하다고 다독여주고 있습니다.

예전에 메모하기가 어려운 저는 적어놓고 다시 볼 수 없어 많이 불편했습니다. 음성 콤플렉스에 자존감이 상실되었고 마음고생도 많았습니다. 하지만 잊어버리고 비워야 다시 채울 수 있다는 진리를 깨닫고, 저의 상황에 감사했습니다. '덕분에'로 말을 바꾼 배움은 저의 스트레스를 날려주는 명약이 되어 즐거움을 선사했습니다. 배움의 과정에서 '선물은 특별한 것이 아니다.'라는 것을 알게 되었고, 배움의 즐거움이 선물이라고 말해 주었습니다. '배움의 즐거움'은 강의를 몇 번 들어도, 날아갈 것 같은 기분이 듭니다. 하나를 알면, 모르는 것은 줄줄이 엮여 나오는 놀라움의 현장입니다. 채우고 비우고, 또 채우고 비우기를 반복하며, 두려움보다 즐거운 마음으로 배움의 길을 걷고 있습니다.

책을 읽어도 앞의 내용을 망각하면, 흥미를 잃을 때가 많습니다. 하지만 배움의 즐거움으로 내 '나이 덕분에'를 생각합니다. "뒤돌아서면 바로 잊어버리는 것에 과거에는 자책을 많이 했었지? 이젠 아니야! 내 나이에 그럴 수 있지." 라고 혼잣말을 합니다. 또 제 자신에게 말합니다. "당장 한 일과 생각도 잊어버리는 현실이 이해하기 어렵다! 괜찮아, 그럴수록 배움을 채우면 되지. 행동으로 보여주자!"

'생각은 말을 만들고, 말은 행동을 만든다. 행동은 습관을 만들고, 습관은 인격을 만든다. 그리고 인격은 운명을 만든다.'는 격언이 있습니다. 이 격언 '덕분에' 저의 말과 행동을 습관으로 발전시키기 위한 루틴이 만들어졌습니다.

꾸준히 실행하는 행동은 저만의 루틴으로 인격을 만들 수 있도록 노력하게 했고, 배움의 즐거움을 만끽하게 했습니다.

독자 여러분은 어떤 루틴을 실행하고 계신지요?

저의 배움의 행동 루틴에 대한 이야기가 도움이 되셨다면, 독자 여러분도 알맞은 배움의 행동을 루틴으로 결정하셔서 자신의 즐거움과 행복을 찾으시기 바랍니다.

독서의 시작

산촌에서 태어난 저는, 어린 시절 부모님의 말씀대로 "여자는 가사 일을 잘 배워야 시집을 잘 간다."라는 말에 동의하고, 시키는 대로 동생들 돌보며 가사일을 도왔습니다. 겨울이면 아버지는 가축을 키우시며, 겨울에는 주먹밥을 챙겨 높은 산까지 나무하러 다니셨습니다. 밤에는 새끼를 꼬시며 모시 꾸리를 감으셨고, 어머니는 집안일을 하시며 야밤에도 부업으로 모시 째는 일을 계속 하셨습니다. 어머니는 솜씨가 좋으셔서 세모시를 즐겨 하셨으며, 온 마을의 모시 매는 작업을 도맡아 하셨습니다. 겨울에도 일손을 놓지 않고 열심히 일하셨습니다. 부모님께서 입춘이 오기가 무섭게 논밭에 나가 한 해 농사의 밑거름 주는 것을 시작으로 계절에 맞춰 각기 다른 씨앗을 뿌리고 정성으로 가꾸어 수확하는 일을 곁에서 보며 자랐습니다. 동생 넷을 돌보며 자연스럽게 집안일과 농사일을 배웠습니다.

초등학교에 입학하여 받은 교과서가 저의 첫 책이었습니다. 공부는 열심히 하고 싶었지만, 모 심고 김 매고 추수하는 농번기 바쁜 일이 있는 날은 학교를 결석하고 동생들을 돌봐야 했습니다. 집안 일과 동생들을 돌보는 일이 우선순위였고, 공부는 그 다음 순위가 되어 책을 읽을 기회가 없었습니다. 그렇게 시골에서 성장한 저는 독서는 상류층의 전유물이라 생각했고, 생업에 몰두하며 사느라 책을 읽어야 지식을 얻을 수 있다는 생각을 할 틈이 없었습니다. 그만큼 책과의 거리가 너무 멀리 있었습니다. 검정고시와 방송통신고등학교, 대학졸업까지 마지못해 교과서에 의존했을 뿐 독서의 참뜻도 모르고 필요성조차 알 수 없었습니다.

배움의 기회를 갖지 못 한 저의 인생은 늦은 나이 무술년(戊戌年 2018)에 시작한 배움의 과정에 위기가 닥쳐왔습니다. 예명대학원대학교 석사과정에서 배움의 날개를 활짝 펴고 싶었는데 생각처럼 쉽지 않았습니다. 무엇이든 '마음먹기에 달려 있다.', '나는 할 수 있다'라는 다짐을 하며 입문했지만, 저의 목소리와 수전증은 발표도 못하고 메모도 할 수 없는 처지로 배움의 열정을 멈추게 하는 위기가 왔습니다.

그동안 배운 지식도 수박 겉핥기식으로 배웠던 것으로 느껴졌습니다. 저에게 그동안의 배움은 참된 지식습득이 아닌 과정 수료가 목표였던 것입니다. 그 과정 속에서 진정한 지식을 배우지 않은 것이 후회되었습니다. 아무리 생각해도 대학원과정에서 'PRESENTATION & REPORT'를 할 수 없겠다는 마음이 들어, 자퇴해야 한다고 생각했습니다. 저는 또다시 제가 가진 장애에 대해 원망하며 의욕을 상실하게 되었습니다.

그러나 막상 포기하려고 하니, 등록금이 아깝고 주변 사람들의 시선도 두려웠습니다, 며칠을 고민하다 이번 학기까지만 버티겠다고 생각하고 방법을 찾아야겠다고 마음먹었습니다. 그러던 중 유튜브에서 설득박사 김효석 박사님의 '말 잘하는 법' 강의를 시청하고 곧바로 〈김효석, 송희영 아카데미〉를 찾았습니다. 김효석 박사님께 상담하니 박사님께서 "말을 못 하는 것이 아니라, 안 했을 뿐이니 앞으로 절대 못 한다는 생각을 하지 말고 마음 놓고 말을 많이 하고 매일 매일 이 책을 하루 30분씩 꾸준히 큰 소리로 읽으면 잘 할 수 있습니다."라고 위로해 주셨습니다. 또 "메모를 못 해도 음성으로 녹음하는 방법도 있으니, 절대 대학원 포기하지 마시고 계속하세요."라고 용기를 주셨습니다. 그때부터 음성치유를 목적으로 소리 내어 읽기를 시작하고 배움의 끈을 놓지 않고 계속했습니다. 중간고사를 마치고 과제발표를 하는 날이 되었습니다. 얼굴이 달아오르고 몸과 마음도 떨렸지만, 김효석 박사님의 말씀을 되새기며 용기를 내서 발표했습니다. 교수님과 대학원 원우들이 잘 했다고 했지만 저 자신은 만족할 수 없었습니다.

배움의 고난을 마감하는 한 학기 종강식이 왔습니다. 노인 상담론 강웅섭 교수님께서 『시인과 철학자의 유쾌한 만남』(고영수&강웅섭)책에 "함께하신 유순호 선생님 고마워요. 2018년 6월 16일 강웅섭"이라고 직접 사인해 주신 책을 선물로 주셨습니다. 그 선물에 너무 죄송한 마음이 들었습니다. 그동안 수고해 주신 교수님께 제가 선물을 드려야 했는데, 저는 준비도 못하고 교수님의 선물을 받고 어찌할 바를 몰라 너무 죄송한 마음뿐이었습니다. 집에 와서 생각하니 교수님께 보답하는 것은 지금부터 책을 읽는 것이라고 생각했습니다. 독서를 경험하지 않은 저는 난독증이 있어 '독서는 할 수 없다.'라고 생각하고 시도하지 않았습니다. 그러나 너무 기쁜 마음에 교수님께 선물받은 책을 펼치는 순간 술술 읽혀 밤새워 읽고, 다음 날에 완독했습니다. 책 한 권을 하루에 완독할 수 있다는 자신감과 책의 소중함을 처음으로 느껴 보았습니다.

"시인은 시를 한 편 쓰기 위해 기다릴 줄 알아야 하고, 농부는 과일이 완전히 익을 때까지 시장에 내지 않고 기다려야 한다. 우리가 하는 말에도 참말과 빈말이 있다." 책을 읽고 시인, 철학자, 심리학자, 정신분석 등 여러 분야에서 수많은 연구를 하신 박사님을 더 존경하게 되었고, 훌륭하신 박사님의 제자가 된, 제 자신이 너무나 자랑스럽습니다.

박사님의 책에서 다양하고 수많은 지식을 얻을 수 있다는 것을 배웠고, 그 책에 감동되어 반복해서 읽고, 또 읽으며, 앞으로 독서를 해야 한다는 것을 알고 책을 읽기 시작했습니다. 방학 동안 독서를 많이 해야겠다는 생각으로 교수님의 저서를 찾아 『한국에 온 라캉과 4차 산업혁명』, 『꿈의 해석』, 『어떻게 읽을 것인가?』, 『심리학 입문』, 『1%만 바꿔도 인생이 달라진다』, 『이기는 대화』, 『인간 모세와 유일신교』, 『사람들 앞에서 기죽지 않고 말 잘하는 법』, 『성공하는 CEO의 습관』 등 스피치에 관한 책과 자기계발 서적을 비롯한 다수의 책과 사랑을 나누었습니다. 독서를 하는 제 자신이 너무나 행복하고 자랑스럽습니다. 저 자신에게 수고했다는 말이 저절로 나왔습니다. 우리가 배워야 하는 지식이 책 속에 모두 있다는 사실을 왜 이제야 알았는지 무능했던 과거의 허송세월이 후회로 돌아왔습니다. 독서를 잘 하는 것은 타고나는 것으로 생각했습니다. 그동안 난독증을 이유로 독서는 인연이 없기에 아예 책 읽을 생각이 없었습니다. 핑계 아닌 핑계로 늘 거부했으니, 지금 생각해 보면 부족하기 짝이 없습니다. 평생 배워야 한다고 생각하면서도 독서할 생각을 안 했으니 그것이 무식함이었습니다. '알고 있다는 것은 모르는 것이 훨씬 더 많다.'라는 사실을 알게 된 것이 독서를 즐기며 배우는 과정이었습니다.

　모든 예술은 눈에 보이지 않는 세계를 눈에 보이게 드러내 보여주는 것이 아닐까요? 음악은 소리로, 미술은 색깔로, 무용은 몸짓으로, 그리고 문학은 언어로 그 일을 하지요. 문학이란 결국, 언어도 '삶이란 이런 것이다'라고 뭔가를 보여줍니다. 소설이 꾸며 낸 이야기를 통해서 그것을 보여준다면, 시는 마음속 깊은 곳에서 솟아오르는 '참말'을 자기만의 암호체계로 말합니다. 문학은 언어로 일을 합니다. 우리가 잃어버렸던 생활과 정신의 자유를 되찾아 주는 일이 시를 쓰는 일이고, 이러한 일을 하는 이가 곧 시인일 것입니다. 『시인과 철학자의 만남』이라는 책에서 공자는 "시를 모르는 자와 마주하는 것은 마치 꽉 막힌 담장을 마주하는 것과 같다."라고 했습니다. 저자의 뜻을 새기며, 독서는 계속해야 했습니다. 교수님의 책 선물은 제가 독서를 시작한 계기가 되었습니다. 독서의 시작이 습관으로 실천되었고, 독서의 습관은 배움 선을 타고 태평양을 향해 전진하고 있습니다.

사람은 자신이 아는만큼 생각하고 삽니다. 지식을 다양하고 풍성하게 채워주는 도구로 책만큼 효과가 좋은 것은 없습니다. 책의 저자가 평생에 걸쳐 갈고닦은 지식을 우리는 한 권의 책을 통해 전수받습니다. 그것이 책이 가진 힘이고, 우리가 독서를 해야하는 이유입니다. 읽고 내용을 이해하는 것이 공부의 기본이기 때문에 독서력은 모든 학습의 기본이자 핵심입니다. 세상에 대한 이해의 폭이 넓어지고, 이해력과 독해력이 길러진다는 점에서도 아주 중요한 학습능력입니다. 독서는 스승이고 역사이며 정신건강의 명약이었습니다.

『공부는 내 인생에 대한 예의다』에서 또 배움을 찾습니다. 책에 담긴 내용 뿐만 아니라 세상에 존재하는 모든 것이 지식과 지혜의 재료가 될 수 있습니다. 가장 중요한 것은 '무엇을 공부하느냐가 아니라, '배우려는 마음'입니다. 마음가짐에 따라 세상의 모든 것이 공부거리가 될 수 있습니다. 독서를 시작하고 다수의 책으로 저의 삶의 방향을 찾을 수 있도록 독서의 의미를 일깨워주신 강응섭 심리학 교수님께 진심으로 감사드립니다.

애완견 사랑도 배움이었다

어느 날 갑자기 '나 지금 어디까지 왔지?'라는 생각을 했습니다. 사방을 둘러보며 명상에 잠겨 있었습니다. '동쪽으로 가야 하나? 아니면 서쪽으로 가야 하나?' 방향을 잃은 저에게는 마음이 허공이라는 생각에 무엇으로 어떻게 채워야 하나 하는 불안이 엄습했습니다. 아무리 기다려도 정리가 안 되고 혼란은 계속되었습니다. 그동안 무절제했던 저의 모습은, 과거의 집착 여행에 빠져 있었습니다. 삶의 질을 개척할 생각은 엄두도 못 내고 현실에 붙들려 다람쥐 쳇바퀴 돌 듯 매 순간을 그대로 달리고 있는 모습이었습니다. 미래의 계획도 없이 무조건 돈을 벌어야 한다는 막연한 생각뿐이었습니다.

잠시라도 여유 시간이 있으면, TV시청으로 이어져 반사적 습관으로 이어졌습니다. TV시청이 생활의 일부였던 저는 배움에 입문하고, 그 시간부터 정리해야 한다고 다짐했습니다. 다짐을 했지만,

TV시청은 반사적 습관으로 어느 순간 또 빠져 들었습니다. 다시 다짐하고, TV는 유용한 것만을 찾기 위한 수단으로 교체해야 한다는 마음으로 방향을 바꾸었습니다. 과거의 여행을 멈추려고 즉시 일어나 방향을 찾기 위해, 애완견 쫑이와 무조건 걷기 시작했습니다. 평소에도 걷거나 자전거 타기는 습관이 되어 웬만하면 우울한 시간을 보내지 않았습니다. 늘 긍정적인 성격을 자랑하며 주변의 부러움을 사기도 했습니다. 그런데 그날은 갑자기 '나는 그동안 동물을 사랑하지 않는다고 생각하고 또 사랑하지 않았다.'라는 생각이 들었습니다. 마음속 깊이 부정의 마음이 저를 움직이게 했고 편견을 가지고 제가 좋아하는 것은, 모든 식물이라고 단정했던 것입니다. 길가에 밟히는 풀 한 포기도 식물은 무조건 사랑했고, 생각만 해도 기분이 좋았습니다. 하지만 동물은 왠지 혐오의 대상이었고 동물 특유의 체취가 불쾌했습니다. 장시간 무상무념으로 걷고 있는데 쫑이가 눈치를 챘는지 자꾸 뒤돌아보는 모습이 평소와 다르다는 것을 알았습니다. 쫑이의 얼굴에 근심이 가득해 보였습니다. 그제야 정신이 들었습니다. 귀신에 홀린다는 말을 어렸을 때 많이 들었는데, 정말 꼭 귀신에 홀린 느낌을 처음 겪었습니다. 쫑이도 저의 우울함을 알아차리고 표정이 변한다는 느낌에 정말 제 자신이 부끄럽게 여겨졌습니다. '동물도 주인의 감정을 알아차리고 불안해하는 모습으로 교감하며, 주인의 정신을 차리게 해 주는데, 주인인 저는 쫑이에게 의무

118

적으로 먹이만 주고 진정으로 사랑해주지 않았구나.'라고 생각하며, 죄의식을 느끼게 한 계기가 되었습니다. 그 일로 제 마음은 조금씩 변화되어 식물만 사랑하는 고정관념을 버리고 동물도 사랑해야 한다고 다짐했습니다. 물론 저를 제외한 가족들은 모두가 동물 애호가입니다. 그 일이 있고 저는 생각을 바꾸어 쫑이를 사랑하며 생활했습니다. 그러던 어느 날 갑자기 친구가 하던 말이 생각났습니다. "야! 순호야! 있잖아! 오늘 나랑 산책길에서 만난 사람이 글쎄 자기 아들, 며느리는 내 간식거리는 안 사오면서 '개새끼' 간식은 통조림에, 육포에, 뭐 이름도 모르는 껌에 한 봉지 가득 사다준다더라. 이런 걸 보면 속이 터져. 아무리 화를 안 내려고 해도 속에서 울화통이 터져 못 살 것 같아. 그러니 산책이나 해야 속이 좀 풀린다며 얘기하더라. 진짜 요즘 젊은 애들은 부모보다 개새끼를 더 좋아하니 세상참 한심하지 않니." 그 말을 듣고 저는 친구에게 "시대가 변했으니 어쩌겠니? 풍요로운 세상이니 동물도 같이 호의호식해야지. 오죽하면 이샛날 개집에 들어가 있어야 따라갈 수 있다는 말이 유행이 되었을까?" 하며 같이 수다를 떨었지만, 왠지 우리 세대들의 생각으로는 이해가 되지 않는 사람들이 많을 것 같다고 생각했습니다. 그 시대에는 통조림, 육포는커녕 보리밥도 귀한 시대였으니, 쉽게 이해가 되지 않겠지요. 하지만, 경제와 만물의 풍요로움이 넘쳐나는 현실에 이 시대의 젊은 층은 직접 가난을 겪어보지 않았기에, 아껴야 한다는 절실함이 없는 부류가 더 많을 것입니다. 〈너 늙어 봤니? 난 젊어봤단다〉라는 노래 가사처럼 우리의 젊은 시절을 비교하지 말고, 시대의 흐름으로 이해하면 그들도 노년이 되었을 때 부모님을 이해하게 될 것입니다. 우리 역시 노년이 되어서야 부모님을 이해한 것처럼 삶의 과정이라 생각해야 젊은 세대와 소통이 가능할 것 같습니다. 시대의 상황을 반영하여 동물을 사랑하고 동물도 가족 구성원으로, 때로는 친구이자 보호자가 되어야 외롭지 않습니다. 제가 먼저 배움을 계속하여 젊은이들을 이해하고 그들과 소통이 원활해야 한다는 것도 배움의 결과였습니다. 배움 덕분에 쫑이를 더 사랑하게 되었고 쫑이가 저의 감정을 같이 느끼는 것을 보고 저의 스승이라 생각했습니다.

배움은 때와 장소가 따로 없다

"배움을 그만둔 사람은 20세든 80세든 늙은 것이다. 계속 배우는 사람은 언제나 젊다." 헨리 포드가 한 말입니다. 이 글을 보며 배움은 저의 사명이라고 생각했습니다.

저의 배움이 어디에서 시작되었는지 의식하지 못 하고 있었습니다. 학력이 미흡하다는 생각으로 배움은 때와 장소가 따로 있는 것이라고 생각했습니다. 무지의 세계를 조금 벗어나니 '알고 있다고 생각하는 것이 모르는 것이다.'라는 것이 보였습니다. 배우면 배울수록 채워지는 것이 아니라, 모르는 것이 훨씬 더 많다는 사실을 절실히 체험하고 있습니다. 학력이 낮은 것이 아니라 삶의 과정이 배움이었다는 것을 인식하게 되었습니다.

애완견 쫑이를 데리고 산책하는 길은 계절마다 변하는 자연을 관찰할 수 있는 유일한 배움의 장소였습니다. 추운 겨울엔 앙상한

나무들을 감상하며 외롭고 쓸쓸해 보이지만 가지마다 맺혀 있는 꽃눈은 봄을 기다리고 있음을 관찰했습니다. 따뜻한 봄을 기다리며, 묵묵히 자리를 지키는 모습은, 마치 어머니가 태아를 품은 모습처럼 위대한 존재였습니다. 꽃눈을 겹겹이 휘감아 보호하고 있는 것을 새로운 시각으로 보게 된 것입니다. 저만의 감정으로 관찰하며 나무들만의 생존 본능을 배우는 시간이며 자연은 사시사철 배움의 장소였습니다. 계절마다 자연의 섭리로 변해가는 자연의 위력에 숙연해지지 않을 수 없는 시간이었습니다. 자연은 이렇게 저를 감동시키며 말을 건네고 있었습니다.

배움은 형태가 보이지 않았습니다. 제가 가는 곳, 머무는 곳, 직접 체험하는 모든 장소가 배움의 장소였고 시간이었습니다. '책에 담긴 내용만이 지식의 전부가 아니다.'라는 사실도 모르고, 특별한 시간과 장소가 있어야 배울 수 있다고 생각했습니다. 자연이 배움이었고 삶이 배움이었다는 사실을 알고부터 사물을 보는 눈이 달라졌습니다.

아기들이 노는 모습을 보면 아기들이 영리하고 똑똑하다는 사실을 누구나 알 수 있습니다. 어른들이 생각하지 못하는 것을 아이들이 순식간에 해결하는 것을 보면 정말 아이들에게도 어른들이 배워야 한다는 것을 또 배우고 있습니다. 어른들은 아이들의 영특함을 잘 알면서도 아이들을 가르쳐야 한다는 마음과 자녀들을 본인의 소유물로 생각하고 아이들의 의견을 존중하지 않는 경향이 많습니다.

저 역시 과거를 되돌아보니, 엄마의 자격도 제대로 갖추지 않고 엄마가 되었습니다. 태교의 중요성, 양육법에 대해 무지했던 저는 유아기 자녀교육의 중요성도 모르고, 아이들을 방치했다는 생각이 듭니다. 자녀 교육의 중요성을 배우고 엄마가 되었으면 생업의 현장보다 자녀교육에 집중했을 텐데 하는 아쉬움이 남아 있습니다.

무엇이 더 중요하고 우선인지를 분별하지 못 했던 지난날을 후회했습니다. 하지만 이제는 후회하고 있는 것도 시간 낭비라는 것을 알았습니다. 지나간 과거는 생각하지 말고, 현재에 충실하자고 결심했습니다. '배움에는 때와 장소가 없다.'는 사실이 현실로 다가왔습니다. 행복하고 즐거운 요즘 생활이 늦은 나이에 배움에 입문하여 실천한 결과라고 생각합니다.

우리 세대는 배움에는 때와 장소가 정해져 있다고 생각했습니다. 학교에서만 지식을 배울 수 있기에, 학령기에 배우지 못하면 배울 기회를 완전히 잃었다고 생각했습니다. 사실 온라인으로 학습하게 된 것도 얼마 되지 않은 일입니다. 학교나 평생교육원을 직접 찾아다니며 배우러 다니던 때가 엊그제 같은데, 코로나19로 비대면 교육이 활성화된 지 벌써 2년이 넘었습니다. 코로나19 덕분에 온라인 교육이 활성화되어 때와 장소를 불문하고, 배움은 가능합니다.

물론 배우려는 의지가 있어야 합니다. 코로나19 때문에 많은 어려움이 발생한 것도 사실이지만 저의 경우 코로나 덕분에 집에서 좋은 강의를 들을 수 있어 시간이 절약되었습니다. 코로나19는 저에게 위기에서 기회를 잡는 배움의 선물이 되었습니다.

저는 그 배움의 선물에 감사하며, 자연의 이치를 배웠습니다. 또 시간의 소중함과 잃어버린 젊음을 찾을 수 있는 배움의 즐거움도 찾았습니다. 배움은 받는 것이 아닌 주는 것이라는 사실을 알고, 저의 배움이 누군가에게 도움이 되기를 바라는 마음으로 실천하고 있습니다. 물질이 아닌 저의 배움이 누군가의 아픔에 위로가 된다면 기꺼이 나누고 희망을 가질 수 있도록 전해주고 싶습니다.

알고 싶은 것은 직접 학교에 가지 않아도 얼마든지 알 수 있습니다. 언제 어디에서나 찾을 수 있는 네이버나 구글 선생님이 쉽게 알려줍니다. 하지만 직접 찾겠다는 의지가 없으면 그 누구도 정답을 주지 않습니다.

코로나19 덕분에 줌으로 강의를 들으며 '직접 만나야 사람을 사귈 수 있다.'는 고정관념의 틀을 변화시켜, 온라인으로 사회 관계망의 크기도 더 넓어졌습니다. 장소에 구애받지 않고 전국에 있는 사람들과 다양하게 소통할 수 있는 기회이기도 합니다. 하지만 배움을 갈망하면서도 배움의 기회를 아직 선택 못 하는 사람들이 많습니다. 또 복지 사각지대에 놓인 사람들에게 그들을 위한 대책을 정책적으로 반영할 시점이라고 생각하게 되었습니다. 배움은 때와 장소가 따로 있는 것이 아닌 언제 어디에서든 누구나 이용할 수 있는 시설이 되어 있어야 한다고 제언해 봅니다.

자녀교육의 지침서

　『유태인의 천재교육 53』이라는 책을 보고 느낀 교훈은 '유태인의 자녀 교육은 물고기 잡는 방법을 가르쳐 주어 평생을 살 수 있게 한다.'라는 것이었습니다. 이 교훈을 이해하고, 저 역시 자녀 교육을 잘 시켜야 한다는 것을 실천해야겠다고 생각했습니다. 자녀를 둔 부모뿐 아니라 우리 국민 모두의 지침서로 꼭 읽어야 한다고 생각합니다. 저의 생각을 독자들에게 전하고 싶어 도서명을 비롯한 목차까지 그대로 올려봅니다. 독자 여러분들 나름대로 많은 독서를 하셨으리라 믿고 있으나, 이 책은 여러 번 읽어도 유익하리라 생각하고 이 책을 권해 봅니다. 230쪽의 소책자로 언제든지 가지고 다니며 몇 번을 읽어도 좋은 내용입니다. 이 책의 내용은 우리 모두가 알고 있는 사실이지만, 실제로 실천하기는 어려운 내용입니다.

　"유태인 부모들이 자녀를 교육할 때 가장 중요하게 여기는 것이

바로 개성입니다. 즉 '남보다 뛰어나게'가 아니라 '남과 다르게 키우는 것'을 최우선으로 생각한다는 이야기입니다. 세계 최고의 물리학자 아인슈타인이 여덟 살 때까지 저능아 취급을 받았다는 건 너무나도 유명한 일화입니다. 만약 아인슈타인의 부모가 그의 남다른 점을 무시했다면 결코 뛰어난 과학자가 되지 못 했을 것입니다. 한 마디로 남과 다르게 키움으로써 남보다 뛰어난 인물이 될 수 있었다는 뜻입니다.

반면, 우리나라의 부모는 어떤가요? 획일적인 성적 제일주의에 휩쓸려 자녀의 개성을 무시하고 무조건 1등을 해야만 만족하고 있습니다. 자녀교육에 대해서만큼은 유태인 못지않게 적극적이고 열성이지만, 그 방법은 너무나도 다릅니다. 물론 이렇게 된 데에는 국가의 교육제도가 가장 큰 원인일 것입니다. 하지만 교육제도 탓만 하기에는 시간이 없습니다. 아이들은 하루가 다르게 성장하고, 잘못된 교육제도에 우리의 소중한 자녀를 무작정 내맡길 수만은 없기 때문입니다.

탈무드에 '어린이를 가르친다는 것은 마치 백지에 뭔가를 쓰는 것과 같다'는 말이 있습니다. 아이들은 스펀지와 같아서 뭐든 흡수하는 능력이 뛰어나다는 이야기입니다. 또한 그만큼 신중하고 지혜롭게 접근해야 한다는 뜻이기도 합니다.

이 책은 인생을 살아가는 데 필요한 '지식'과 '지혜'를 가르쳐주는 게 부모로서 자녀에게 베풀어야 할 최선의 교육이라고 주장합니다. 또한 유태인 5천 년의 지혜가 고스란히 담긴 탈무드의 교훈과 풍부한 격언, 속담, 일화들로 가득 차 있습니다.

자녀를 둔 이 세상 모든 부모들의 고민은 한결같이, '내 아이를 어떻게 키울 것인가?'일 것입니다. 이 책은 부모들의 이러한 질문에 명쾌한 해답을 제시하며, 세월을 뛰어넘는 유태인들의 지혜를 보여주고 있습니다.

마지막으로 이 책에 나오는 유태인의 속담 한마디를 소개합니다. '물고기를 한 마리 준다면 하루밖에 살지 못하지만, 물고기 잡는 방법을 가르쳐준다면 한평생을 살아갈 수 있다.' 자녀 교육과 관련해서 이 문장만 한 진리는 없을 것입니다.

<목차>

제1장 지혜로운 아이로 키운다

24. 자녀들과 보내는 시간은 반드시 지켜야 한다

25. 가족 공동체와 친밀하게 접촉하게 한다

26. 자기보다 뛰어난 친구를 사귀게 하라

27. 아이들끼리 친구라고 해서 그 부모들까지 친구일 수는 없다

28. 외출을 할 때는 젖먹이를 데리고 가지 않는다

29. 친절한 태도를 몸에 익히도록 한다

30. 자선을 통해 사회를 배운다

31. 아이들에게 주는 돈은 독이나 마찬가지이다

32. 음식에 대해 경건한 마음을 갖도록 가르친다

33. 성에 대한 질문에는 사실만을 간결하게 가르친다

34. 어릴 적부터 남녀의 성별을 자각시킨다

35. 텔레비전의 영향에서 아이들을 보호한다

36. 거짓말을 하여 헛된 꿈을 갖게 하지 않는다

제3장 의로운 아이로 키운다

37. 꾸짖을 때는 기준이 분명해야 한다

38. 최고의 벌은 침묵이다

39. 부모의 애매한 태도는 자녀의 마음의 건강을 해친다

40. 잘못은 매로 다스린다

41. 시간의 소중함을 깨우쳐준다

42. 식사는 가족 모두가 함께한다

43. 외식을 할 때는 자녀를 데려가지 않는다

44. 한 살이 될 때까지는 부모와 함께 식탁에 앉히지 않는다

45. 편식을 방관하면 가족이란 일체감을 잃게 된다

46. 깨끗하고 정결한 몸에서 맑은 정신이 나온다

47. 돈을 사용하는 방법에서 인생의 가장 큰 지혜를 배운다

48. 항아리는 모양을 보고 고르지 않는다

49. 내 것이 아닌 것에 마음을 두는 것은 욕심 때문이다

50. 어른을 존경하는 마음에서 문화의 전통을 잇는다

51. 부모에게 받은 만큼 자식들에게 베풀어라

52. 용서하는 자만이 가장 용기 있는 사람이다

53. 민족의 긍지를 심어준다

－『유태인의 천재교육 53: 내 아이를 남보다 특별하게 키우는』,
루스 실로 지음, 작은키나무, 2007.

CHAPTER 3
학창시절

초등학교의 추억

　저는 충청남도 보령시 미산면 '찬샘골'에서 태어났습니다. 마을 뒤에는 잿말 고개가 있었고, 고개를 중심으로 서천군, 부여군, 보령의 삼개군의 경계로 방향 따라 지번이 바뀌는 마을이었습니다. 집성촌으로 마을 대부분 친척집이었고, 저의 윗세대는 먼 곳, 부여군에 위치한 옥산초등학교, 서천군에 위치한 판교초등학교에 다니셨습니다. 우리 또래들은 보령미산분교인 대농초등학교에 다닐 수 있었고 학교길이 가까워 편리했습니다. 하지만 지금 생각하면 먼 거리였습니다.

　저는 공부하러 학교를 다녀야 한다는 것도 모르고, 어린 동생들을 돌보며 친구들과 노는 것에 관심이 많아 학교는 관심도 없었습니다. 어린 나이에도 부모님 심부름을 거들어 동생을 키우고 틈나는 대로 이웃 언니들과 길쌈을 했습니다. 8살에 아버지를 따라 학교 입학식에 갔습니다. 저보다 생일이 1년 빠른 육촌 언니도 큰언니 손을 잡고 같이 입학식에 참석했습니다. 언니와 저는 친구로 같이 다닐 수 있다고 좋아했습니다. 운동장에서 입학식을 하고 시간이 조금 흐른 뒤, 저는 아버지와 큰언니의 대화를 들었습니다. 언니는 입학이 가능하지만, 저는 나이가 어리다는 이유로 입학할 수 없어 1년을 기다려야 한다는 것이었습니다. 크게 실망했으나 어떻게 반항도 못 했습니다. 마음속으로 '학교에 다니면 동생 돌보는 일, 집안일에서 탈출할 수 있었는데……'라는 아쉬운 마음만 들었습니다. 입학이 취소된 후에야 공부는 학교에서 한다는 것을 알았습니다.

입학이 1년 미뤄진 뒤, 다시 동생들을 돌보고 어머니가 하시는 길쌈을 거들어 아이가 아닌 애어른 노릇을 했습니다. 나이는 어렸지만, 그 당시에는 그렇게 해야만 하는 줄 알고 밥 하고 빨래하고, 양말도 꿰매는 어린 시절을 보냈습니다. 어른들의 칭찬을 늘 받는 착한 아이로 생활했습니다. 일을 하는 틈틈이 아버지께서 종이를 잘라 노트를 만들어 한글을 가르쳐 주서서, 한글 기초를 배웠습니다.

다음 해 4월 초등학교애 입학하고 집에서 배운 것을 토대로 1학년 학교생활을 마음껏 누릴 수 있었습니다. 선배 중에 친척이 많고 친구들과 함께 지내는 1학년 학교생활은 우물 밖을 경험하는 좋은 기회였습니다.

산모퉁이를 두 번 돌아 서낭당(큰 나무 밑에서 고사지내는 곳)을 지나, 작은 냇물을 세 번 건너고, 큰 냇물을 또 건너야 학교에 도착할수 있었습니다. 장마철이 되면 큰 냇물이 불어나 징검다리 돌들이물속에 사라져서, 어른 등에 업혀야 건너갈 수 있었습니다. 장마철큰비가 내리면 큰 냇물이 가로막혀 결석하는 날도 있었습니다.

학교 길은 약 3km의 장거리였습니다. 등하교 길은 놀이터였고주전부리도 풍부했기에 멀다는 생각도 없이 즐겁게 다녔습니다. 겨울에는 풀뿌리와 칡뿌리도 캐서 먹고, 봄에는 삐비도 뽑아 먹고 예쁜 자운영 꽃밭도 구경했습니다. 여름이면 보리수와 산딸기를 따먹고, 가을엔 알밤도 주워 먹었습니다. 그 중에서도 가장 잊히지 않는 것은 수십 년 묵은 거목에 열린 주엽열매입니다. 높은 나무에 매달린 주엽이 바람에 떨어지면 서로 줍기 위해 뛰어들던 모습이 아직도 선명하게 나타납니다. 주엽 열매를 까서 하나씩 나눠 먹으면 콧노래가 절로 나왔습니다. 단발머리에 책보자기를 허리춤에 두르고친구들과 다니던 등하교 길은 즐겁고 신나는 놀이터였습니다.

1학년 학교생활에서 아버지로부터 배운 한글 기초가 도움이 되었습니다. 선생님을 바라보는 저의 눈빛이 빛났고, 집중하며 배우는것에 흥미를 느끼며 배움이 즐겁고 행복했습니다. 1학년을 마칠 쯤에도 한글을 모르는 친구도 있었습니다. 나이가 많은 언니도 그 중한 명이었습니다. 나이는 많아도 공부하는 머리는 따로 있다며 짓궂은 아이들이 그 언니를 놀리다가 꿀밤도 맞았습니다. 나이가 많아도 언니, 누나로 부르지 않고 같이 어울리며 친구로 지냈습니다.

1학년 마지막 날, 담임선생님께서 "유순호 와 이○희, 너희 둘은 2학년을 건너뛰고 새 학기에는 3학년으로 가라"고 말씀하셨습니다. 친구와 나는 3학년이 되었습니다. 그 당시에는 공부를 잘 하면 담임선생님 재량으로 월반을 할 수 있었습니다.

1학년에서 바로 3학년으로 올라간 저는 주눅이 들었습니다. 1학년 때는 공부도 즐겁고 성적도 잘 나왔는데, 3학년 친구들은 낯설고 공부도 힘들었습니다. 같은 반의 우수학생들의 질투심으로 제의견이 무시되는 것에 모멸감을 느꼈습니다. 3학년은 배움의 열정이 좌절되는 시기였습니다. 성적은 하위권으로 밀려났고 의욕도 없어졌습니다. 지금도 3학년의 기억은 되찾고 싶지 않을 만큼 아픈 시절이었습니다.

다시 새 학기를 맞아 4학년 때는 반 친구들과 적응도 잘 했고, 성적도 조금씩 나아졌습니다. 5학년이 되었을 때는 상위권에 올라 담임선생님의 칭찬도 자주 들으니, 학교생활도 즐겁게 했습니다. 친구들과 사이가 좋아, 쉬는 시간이면 운동장에서 팔방놀이, 고무줄넘기, 공기놀이, 오자미 놀이 등 많은 놀이를 하면서 행복하게 지냈습니다. 겨울이면 교실 한가운데 장작 난로를 피우기 위해 당번을 정해 장작 한두 쪽 가져오는 숙제도 있었습니다. 난롯가에 옹기종기 앉아 얼어붙은 몸을 녹이는 친구, 뒤에 서서 팔을 뻗혀 손만 녹이는 친구, 발이 시리다고 불을 쬐다 양말 태운 친구, 양은도시락 데우려다 밥을 태 운친구, 여자들 머리카락 몰래 잡아 뺀 다음 시침 뚝 떼고 옆 친구에게 덮어씌우는 짓궂은 친구 등 참 재미있는 친구들이 많았습니다. 지금은 추억이 되어버린 숙제들도 있었습니다. 식목일에 나무심기, 여름에 풀베기, 송충이 잡기, 쥐꼬리 잘라서 가져오기 등 무섭고 소름 끼친 기억은 잊을 수 없습니다. 지금 생각해도 몸이 오싹해집니다. 5학년 시절의 학교생활은 너무나 즐겁고 행복했던 추억이 너무도 많습니다. 운동회, 소풍, 친구 집에 모여 같이 밤새웠던 친구들 영원히 잊지 못할 즐거운 추억이 많습니다.

초등학교를 다니면서도 농번기에 집안일이 많으면 동생들 돌보느라 결석도 자주 했습니다. 모 심는 날, 김 매는 날, 벼 베는 날, 타작하는 날 등 농번기 일꾼을 얻어 일 하는 날은 결석하는 날이었습니다. 학교에 가고 싶다는 말도 못하고 그냥 그러려니 했습니다. 지금 생각하니 착해서가 아니고, 자기주장을 제대로 못 내세우는 바보였다는 생각이 듭니다.

그렇게 즐겁고 추억이 많았던 5학년을 마치고, 새 학기가 시작되는 봄방학 때, 우리 집은 고향을 떠나 평야가 넓은 서천군 마서면으로 이사했습니다.

부모님이 산촌 생활보다 농사 짓기 편리한 곳을 선택하신 것이었습니다. 4월의 첫날, 정든 모교를 떠나 낯선 타향의 국민학교에서 6학년의 학교생활을 시작했습니다. (1960년대는 4월 1일이 새 학기였습니다.) 새로 전학한 학교는 크고 학생 수도 많아 남녀별로 반이 달랐습니다. 수줍음이 많고 온순했던 저는 너무 낯선 환경에 적응이 어려웠습니다. 친구들도 처음에는 친절하게 잘 대해주었습니다. 하지만 제가 상위권의 성적으로 담임선생님의 사랑을 받게 되자, 질투하기 시작했습니다. 어떤 친구는 사사건건 트집을 잡아 놀려대기도 했습니다. 한 반에 학생 수도 63명으로 많았습니다. 그런 상황을 극복하기 위해서는 공부를 잘 하는길밖에 없다는 것을 알았습니다. 그 후 열심히 배움에 매달려 공부 잘 하는 아이로 인정은 받았지만, 그로 인해 시기하며 왕따의 빌미는 더 커졌습니다. 마침 몸이 점차 쇠약해져 아버지의 등에 업혀 병원에 자주 다녔습니다. 열심히 연습하며 기다리던 초등학교 마지막 가을운동회도 참석을 못 할 정도로 결석을 많이 하고, 건강이 악화되었습니다. 그 이후로 성적도 점점 낮아지고 공부에 흥미를 잃었습니다.

지금 생각해보니 '정든 고향을 떠나 외롭고 쓸쓸한 타향살이의 스트레스로 건강이 나빠졌구나.'라는 생각이 듭니다. 요즘 아이들은 도시에서 이사도 자주 다니고 전학도 자주 다녀 적응을 쉽게 합니다. 하지만 저의 경험을 비추어 볼 때, 어린 시절의 전학은 성격을 바꿀 만큼 일생일대의 사건이 될 수도 있었습니다. 아픈 경험을 체험한 저는 세 자녀를 키우며 무슨 일이 있어도 전학을 시키지 않겠다는 결심을 했고, 같은 지역으로 이사를 해서 같은 학교에서 졸업할 수 있도록 했습니다.

자녀들이 성장하는 30여 년 동안, 같은 구, 같은 동에 거주했었고 아이들의 고향이자 제게는 제2의 고향이었습니다. 세월이 변해도 저의 소심한 성격은 바뀌지 않는 것은 아마도 어린 시절 전학해서 적응이 힘들었던 6학년의 괴로운 기억이 지배하지 않았나 하는 생각이 듭니다.

그렇게 초등학교의 즐겁고 괴로웠던 추억을 돌이켜 보니, 5년 동안 동창생은 3반이었고, 그 중에 3년을 함께한 동창들과 지금도 만나며 즐겁게 지내고 있어 행복합니다.

고입 검정고시

첫째 아이가 학교에 입학하여 가정 환경조사서를 들고 왔습니다. 그때는 가정 환경조사서에 부모 학력, 나이, 직업, 가족 상황, 가전제품 유무까지 기록해야 했습니다. 아이의 친구들 가정은 거의 모두 부유층이었고, 부모님들도 고학력으로 수준이 높은 가정의 아이들이었습니다. 그런 상황을 잘 알고 있어서 국민학교 졸업이라 적으면 아이가 상처받을까 두려웠습니다. 가슴이 두근거렸고 아이에게 너무 미안한 생각이 들었습니다.

초등학교 학력으로 살아오면서 배움이 미흡하다는 생각은 늘 있었지만, 그렇게 절망적인 순간은 처음 겪었습니다. 학력을 공개하지 않아도 별다른 어려움 없이 상업에 종사할 수 있었기 때문이었습니다. 열심히 일을 해서 수입을 올려 경제적으로 부유해지면 모든 게 해결되리라는 신념으로 사업에만 몰두했습니다. 아이들이 어릴 때 교육이 평생을 좌우한다는 것도 모르고 아이들은 제멋대로 놀게 했습니다. 시댁이 지척이라 시어머니와 동서가 아이들을 사랑으로 키워주셨기에 아이에게 배불리 젖을 먹이고, 밥을 먹이는 것으로 엄마노릇을 했다고 만족했습니다. 그렇게 둘째 아이는 동생이 태어나기 전까지 뛰어 놀다 들어와 엄마 젖을 간식으로 먹었습니다. 동생이 태어난 후에도 동생과 함께 엄마 젖을 먹으며 자랐습니다. 엄마 자격도 제대로 갖추지 못하고 엄마가 되어, 유아기 교육에 대한 지식도 부족해 늦은 나이까지 젖을 먹이는 게 사랑이라 생각했습니다. 지금 생각하니 정말 부끄럽기 짝이 없습니다.

큰 아이 입학 전까지 '가난은 죄가 아니다.'라는 신념으로 특별히 가난하거나 지식이 부족해 불행하다는 생각도 없이 살았습니다. 그냥 그렇게 사는 것이라고 생각하며 살았습니다. 하지만, 아이들 교육만큼은 잘 시켜야 한다고 생각했습니다. 첫째 아이가 유치원을 마치고 초등학교 입학 무렵, 교육을 잘 받으려면 환경이 좋아야 한다는 "맹모삼천지교"의 마음으로 남편과 의논해서 사립초등학교에 보내기로 결정했습니다. 그 사실이 시댁에 알려졌고, 우리 형편에 아이들을 사립학교 보내는 것은 사치라며 시아주버님이 반대하셨습니다. 시아주버님의 말씀을 남편이 전달하여, 저는 망설이기 시작했습니다. '뱁새가 황새걸음 따라가려면 가랑이가 찢어지는 법'이라며 남편도 나에게 "어떻게 우리 형편에 사립학교 보내느냐? 우리 형편에 맞게 공립학교 보내서, 본인이 공부 열심히 하면 되는 것이지."라며, 나를 설득시키려고 갖은 애를 쓰기 시작했습니다. 하지만 저는 남편에게 "내가 열심히 돈 버는 목적은 부자가 되기 위함이 아니고, 아이들 교육을 잘 시키기 위함이고, 아이들에게 재산은 못 물려줘도 교육만큼은 최선을 다 할 것이라며 그러기 위해서는 시작이 중요하니 내 마음대로 하겠다."고 큰 소리로 반항했습니다.

훗날 부자가 되어도, 아이의 학창 시절로 다시 돌아갈 수 없다고 생각했습니다. 지금은 가난해도 앞으로 열심히 돈을 벌 수 있다고 믿고, 사립초등학교에 입학시켰습니다. 딸아이는 잘 사는 친구들의 자랑을 들으며, 아이는 우리 집도 대문이 두 개(가게 출입문과 후문)라며 자랑을 했습니다. 기가 죽지 않으려고 그렇게 말하는데 엄마의 학력이 밝혀지면 아이가 상처 받을까 두려워 중학교 졸업이라고 적었습니다.

아이들에게 사람이 살아가다보면, 순간의 실수로 죄를 지을 수 있다고 이야기했습니다. 모르고 짓는 죄는 용서받을 수 있지만, 알고도 짓는 죄는 용서받을 수 없으니 거짓말을 하면 안 된다고 가르쳤습니다. 그렇게 아이들을 가르치던 제가 거짓으로 학력을 속여 '중학교 졸업'이라고 기록을 했으니, 죄책감에 시달리는 것은 당연한 일이었습니다.

둘째 아이 때도 똑같은 경험을 매년 반복하며 가슴을 졸였습니다. 거짓 학력 기록의 죄책감이 사라지기도 전, 둘째 아이와 십 년 터울로 막내가 태어났습니다. '사람은 거짓말하면 안 된다.'고 강조하는 제 자신의 학력을 속이고 있다는 양심의 가책은 점점 눈덩이처럼 불어났습니다. 마음은 더 무겁고 정신적 고통은 인내의 한계에 도달했습니다. 아무리 생각해도 해결 방법이 없었습니다.

"그래, 맞아! 고민은 답이 아니야! 두 아이에게는 거짓을 기록했으나 막내에게만이라도 떳떳한 엄마가 되자! 학력이 낮은 것도 죄가 아니고, 거짓으로 중학교 졸업이라고 기록한 것도 죄가 아니다. 죄의식에 빠져 부끄럽다고 더 이상 한탄하지 말자."

다른 사람도 자신 있고 떳떳하게 만날 수 있는 해결 방법은 단하나, '배움'이라는 답을 찾았습니다. 그렇게 생각하고 막내가 초등학교에 입학하기 전 1989년, 고입 검정고시학원에 등록했습니다. '나도 이제 중학생이다! 이제부터 거짓말이 아닌 떳떳하고 유능한 엄마가 된다!'라는 생각으로 만학의 설렘은 가슴을 뛰게 했습니다.

하지만 풍선처럼 부풀어 오른 기대는 차츰 바람 빠진 풍선이 되었고, 놀란 토끼 같은 빨간 눈과 예민한 귀를 쫑긋 세우며 주위를 살펴보았습니다.

세월은 너무 빠르게 지나 40대 초반의 중학교 과정을 배우는 나는 한계에 다다랐습니다. 초등학교 시절에 배운 한글과 덧셈, 뺄셈, 곱하기, 나누기 등을 기억 속에서 불러오는 것도 한계가 있었습니다. 거기다 생업의 현장을 신경 쓰느라 마음은 콩밭에 머무르고 있었습니다. 그만큼 공부에 집중이 되지 않았습니다. '내가 비운 자리는 어떤 상황일까?'라는 마음속의 질문부터 손님은 주인이 안 보인다며 무슨 일 있느냐고 묻고 있는 모습, 고객이 한꺼번에 오면 직원이 당황하는 모습 등 학원에 앉아 있는 시간은 집중을 할 수 없는 시간이었습니다.

어린 시절 배웠던 것은 세월의 망각에 빼앗기고 언문 몇 자 부여잡고 따라가는 배움 길은 너무나 멀고 험했습니다. 모든 과목은 낯설고 이해가 안 되는데, 진도는 고속도로처럼 달려가고, 모르고 넘어가는 과목은 더 늘었으며, 시간은 빛의 속도였습니다.

특히 영어는 꼭 배우고 싶은 과목이었는데, 집중하고 또 집중해서 들어도 이해가 어려웠습니다. A, B, C, D, 대문자, 소문자에, 필기체도 대소문자, 주어, 동사, 관사, 품사, 전치사, 과거, 현재, 미래사 등 알 수도 없었습니다. 메모가 힘든 저에게 배움은 즐거움이 아닌 등골이 오싹한 공포였습니다. 어느 과목도 머리에 입력이 되지 않고, 오로지 생업 걱정에 피로가 밀려와 졸리고 공부가 되지 않았습니다. 학문이 그렇게 어려운 줄 모르고 시작한 것을 후회했습니다.

선생님의 가르침도 이해가 어렵고 혼자만 이해를 못 하는 느낌이 들어 제 자신이 부끄럽게 느꼈습니다. 하지만 지금 포기하면 기회는 없다고 마음을 가다듬었습니다. '나는 할 수 있다'고 다짐했습니다. 다짐을 했지만, 그 후로도 쉽지 않았습니다. 젊은 학생들에게 묻고, 옆 사람 눈치도 보며 종료 시간만 기다렸습니다.

중학교 졸업이라는 설렘으로 시작한 도전은 고입검정고시 합격이 목표였습니다. 하지만 생업의 피로에 몸은 지치고, 복습할 시간도 없어 성적은 하위였습니다. 그 후 6개월이 지나 고입검정고시의 날은 다가오니, 걱정만 태산같이 쌓였습니다. 시험이 가까워지자 그제야 정신이 번쩍 들었습니다. 이번 고입검정고시 자격시험에 불합격되면 영영 기회가 없다고 다짐하며 시험 준비에 전념했습니다.

선생님께서 과목마다 60점 이상이면 합격이니 한 과목에 집중 말고 모든 과목을 잘 해야 한다고 말씀하셨습니다. 고사장은 학원이 아닌 교육청에서 정한 장소에서 실시한다고 했습니다. 시험일이 되어, 감독관의 독수리 같은 매의 눈을 피해 떨리는 감정을 다독이며 답을 찾았고, 모르는 것은 주사위를 던져 시험을 끝냈습니다.

며칠을 기다리며 불안한 마음으로 마음을 졸였는데, 결과는 합격이었습니다. 너무 기뻐서 그동안 참았던 눈물을 펑펑 쏟아내고, 가슴에 얼어붙은 한의 응어리를 모두 풀어냈습니다. 아이들의 가정환경조사서에 중학교 졸업으로 거짓으로 기록한 죄의식을 깨끗이

지웠습니다. 피땀으로 딴 중학교 졸업장은 저의 구세주였으나, 거기에 멈추고 생업의 현장에서 헤어나지 못해 다시 발전하지 못 하고 오랫동안 갇혀 있었습니다.

63세 방송통신고등학교 입학생

세 자녀의 교육을 마치고 이제는 내 자신을 찾아야 한다고 생각했습니다. 1970년 결혼한 해부터 35년 살았던 제2의 고향을 떠나 공기가 좋다는 곳으로 이사했습니다. 생업을 위해 운영했던 가게를 접고 이제는 마음껏 날고 싶었습니다. 시간이 자유로워, 원하던 모든 것을 할 수 있다는 생각으로 하루하루가 즐겁고 행복했습니다. 좋아하는 자전거 타기와 등산도 마음껏 하고, 노인복지관에 다니며 많은 프로그램을 배울 수 있으며, 새로운 친구도 많이 사귈 수 있다고 기대하고 있었습니다.

가게 일에 얽매였던 지난날을 떠올리며 앞으로는 그렇게 살지 않고, 취미생활과 놀이에 집중하며 건강하고 행복하게 살겠다고 결심했습니다. 하지만 생각처럼 쉽게 되지는 않았습니다. 처음 3개월은 시간도 잘 가고 즐겁게 지냈습니다. 그러나 차츰차츰 시간도 안

가고 허무한 생각이 들기 시작했습니다. '송충이는 솔잎만 먹고산다.', '고기도 먹어본 사람이 잘 먹는다.', '노는 것도 놀아본 사람이 잘 논다.'라는 말이 딱 맞았습니다. 점점 게을러지고, 노는 것도 그렇게 쉬운 일이 아니었습니다. 30여 년을 지켜온 가게는 단골 고객이 많아 온 마을 사랑방 역할을 했었습니다. 그곳에 있을 때는 한시도 시간이 안 간다고 생각해 본 적 없이 늘 활기가 넘쳐났었습니다. 갑자기 거리를 왕래하는 사람들의 모습도 볼 수 없이 집안에 갇혀 있다는 마음이 답답하기 시작했습니다. 즐겁고 신나는 라이딩, 산악회 활동도 매일 새벽부터 야밤까지 하는 활동이 아니었습니다. 복지관의 프로그램 역시 하루 몇 시간이면 족했습니다. 어느 순간 내가 취미 생활보다 일 하는 시간이 더 행복하다는 것을 깨달았습니다. 취미 생활은 직장을 다니며, 원하는 시간에 할 수 있어야 더 즐겁고 보람 있다는 생각을 하고 다시 일을 시작했습니다.

어느 날 출근길에 금빛 글자로 버스에 붙어 있는 '경복고등학교 부설 경복 방송통신고등학교 학생모집(나이 제한 없음)' 광고를 보았습니다. 몇 년 동안 같은 출근길을 다니는 동안 한 번도 가슴에 깊숙이 꽂힌 적이 없었습니다. 그 금빛 글자들이 지금까지 어디에 꼭꼭 숨어 있다 이제야 나타났는지 묻고 또 물었습니다. 대답은 간단했습니다. 언제나 같은 자리에 있었습니다. 다시 한 번 물었습니다.

'그런데 나는 왜 오늘에야 보았을까?'

그날 온종일 일손이 잡히지 않았습니다. 학교 책상에 앉아 공부하는 저의 모습을 머릿속으로 멋지게 그리고 있었습니다. '그래 꿈은 이루어진다고 했으니 나도 배움의 꿈을 꾸자! 나는 할 수 있다. 실행하자!'라고 생각했습니다. 퇴근 후 남편에게 말했습니다. "헛된 꿈꾸지 마! 쓸데없는 소리하고 있네."라며 꾸중만 듣고는, 혼자서 밤새워 고민을 했습니다.

다음 날 남편에게 "한번 마음먹은 일은 해내는 성격인 나를 알면서 왜 반대하느냐."라고 말했습니다. 남편 앞에서 경복방송통신고등학교 연락처에 문의했습니다. 중학교 졸업확인서, 주민등록등본을 지참하고 직접 학교에 접수하라고 했습니다. '어렵게 취득한 고입검정고시가 이럴 때 필요하구나.'라고 생각하니 가슴이 벅찼습니다.

그저 내 마음 속 뿌듯함으로만 자리 잡고 있던 고입 검정고시 합격증이 어디에 있는지조차 신경 쓰지 않았습니다. 아무리 찾아도 합격증을 찾을 수 없었습니다. '아! 맞아! 교육청에 연락하면 되잖아!'라는 생각이 번개처럼 스쳐 지나갔습니다. '하늘은 스스로 돕는 자를 돕는다.'라는 말이 딱 맞았습니다. 교육청에서 합격증을 발급받고, 서류를 갖춰 접수했습니다.

부끄럽고 창피하다는 생각으로 가슴이 두근거렸지만, 얼마 후 경복고등학교 부설 경복방송통신고등학교 입학식에 참석했습니다.

그곳에는 배움이 고픈 사람들이 많이 모여 있었습니다. 주중에 일하고 일요일에 공부를 하려고 배움의 전당에 모여든 사람들로 운동장은 가득 찼습니다. 화창한 봄의 문턱에서 길 잃은 찬바람이 우리를 스쳐 가지만, 배움터에 모인 학생들의 열기로 운동장은 후끈 달아오른 듯했습니다. 전국에서 모인 학생들은 모두 단상을 향해 교장 선생님의 축사에 주목했습니다.

"1973년에 설립하여 세대를 초월한 역사의 뒤안길을 간직한 자랑스러운 우리 학교를 찾아주신 제38회 신입생 여러분의 입학을 진심으로 환영합니다. 여러분들은 직장을 다니시며 공부하기 위해 우리 학교에 오셨습니다. 각자 맡은 일에 충실하시며 휴일을 반납하고 배우려는 열정에 저희 선생님들도 최선을 다해 성심껏 가르쳐 드릴 것입니다. 생업에 종사하시며 학습한다는 것은 쉬운 일이 아닙니다. 때로는 어렵고 힘든 시기도 올 수 있습니다. 하지만 배우려는 첫 결심 변치 마시고, 서로를 위하고 존중하며 끝까지 이겨내시도록 응원하겠습니다. 여러분들의 꿈을 이루시는 데 최선을 다하여 우리 학교의 자랑스러운 학생으로 거듭나셔서 졸업 후에 사회의 모범이 되시기를 바랍니다. 아무쪼록 포기하지 마시고 열심히 학습하셔서 자신의 뜻을 펼칠 수 있도록 최선을 다 하시기를 바랍니다."

교장 선생님의 축사를 들으며, 꿈에 그리던 배움의 교정에 우뚝 서 있는 순간이 꿈만 같았습니다. 가슴의 무거운 한의 응어리가 녹아내려 눈물로 흐르고 있었습니다. 저만의 눈물이 아니었습니다. 거의 모든 어른들은 눈시울을 적시고 있었습니다. 그때 만약 어른들의 눈물을 지켜본 청소년들은 아마도 이해하지 못 했을 거라 생각합니다. 그들은 그런 세월을 겪어보지 않았기에 눈물의 의미를 모른다고 생각합니다.

입학식이 끝나고 2반 교실로 배정되었습니다.

'오늘부터 자랑스러운 고등학생이다!' 옛날 같으면 꿈도 꾸지 못 했을 텐데 나는 행운아로 다시 학교에 왔으니 세상이 고맙다고 생각했습니다. '우리나라 대한민국이 정말 위대하고 자랑스러운 나라다.'라고 생각했습니다. 자랑스러운 나라 대한민국에 자리 잡은 경복고등학교부설 경복방송통신고등학교가 더 크고 웅장하게 보였습니다. 북악산을 뒤로하고 대한민국 최고의 경치를 자랑하는 서울의 한가운데 종로구 청운동에 자리한 학교에 더 이상 바랄 것 없이 행복한 모습으로 앉아 있었습니다. 선생님들은 일요일을 반납하고 출근하셔서 머리카락이 희끗희끗한 학생들을 열심히 가르치셨습니다.

저의 단짝은 만화를 잘 그리는 학생으로 정규 고등학교를 마다하고 유학을 준비하기 위해 학습시간을 줄이려고 선택했다고 했습니다. 많은 것을 가르쳐 준 아주 모범적인 학생이며, 고마운 단짝이었습니다. 자기 할머니가 생각난다며, 모르는 것을 물으면 저에게 가르쳐주면서 뿌듯해 했습니다. 그런 단짝의 모습을 보며, 일부러 모르는 척 자주 물어보기도 했습니다. 그때마다 아주 좋아하며 알고 있는 모든 것을 설명을 해 가며 열심히 가르쳐 준 덕분에 고맙고 또 감사했습니다. 그런 단짝의 자존심을 키워주기 위해 저 또한 노력했습니다. 배움엔 선생님이 따로 없다는 것을 믿고 젊은이들한테도 배울 것이 많다고 생각했습니다. 단짝을 마주하며, 나의 고정관념의 틀을 깨는 또 하나의 배움을 찾았습니다. 저는 젊은 학생이 정규학습을 받는 게 당연하다고 생각했습니다. 정규학습을 포기하고 방송통신고등학교에 다니는 젊은 학생은 혹시 문제가 있는 게 아닌가 하는 편견으로 그들을 지켜보는 습관이 있었습니다. 단짝을 알고부터 저의 잘못된 편견을 고치는 계기가 되었습니다. 단짝은 자신의 목표가 확고했고 아주 착한 아이였습니다. 유학을 떠나기 위해, 3년의 학습을 1년으로 줄여 시간을 아끼려고 한다고 했습니다. 정말 대단하고 착한 아이였습니다. 앞으로 저의 편견을 개선하고 나부터 변해야 한다는 것을 마음속에 간직했습니다. 물론 학교에 모인 많은 학생이 만학도였습니다.

만학도 학생들의 표정에서 배움의 열정이 공통으로 읽혔습니다. 저뿐만 아니라 대부분의 만학도가 배움의 기회를 박탈당하고 삶의 전쟁을 겪은 사람들이 많았습니다. 늦어도 배워야 한다는 절박한 심정을 풀기 위해 모르는 것은 배워야 한다는 의지가 강했습니다. 하지만 저는 격주 출석도 제대로 못하고 열심히 배우겠다는 결심의 의지도 낮아졌습니다. 출장뷔페 사업은 주말이 평일보다 일이 더 많았고, 사장인 제가 없으면 큰일이 일어나는 줄 알았습니다. 마지못해 출석하여 성적은 하위로 밀렸으나 그래도 고등학생이라는 자부심은 가질 수 있었습니다.

3년간 격주 일요일 출석으로, 배움 씨앗을 받아들고 기름진 옥토를 찾기 위해 경복고등학교 부설 경복방송통신고등학교 교문을 나왔습니다.

디지털서울문화예술대학

　방송통신고등학교 졸업 전 신경하 선배님이 〈디지털서울문화예술대학〉을 홍보하러 우리 학교에 오셨습니다. 선배님은 우리들에게 "여러분들이 디지털서울문화예술대학 실버문화경영학과에 오시면, 장학금을 받을 수 있고, 사회복지사 2급 자격증도 취득할 수 있으니, 배움을 멈추지 마시고 계속 이어가야 합니다. 꼭 우리 대학에 진학하시기를 권유합니다."라고 말씀하셨습니다.

　선배님의 말씀을 듣고 선배님을 다시 만났습니다. 선배님은 저에게, "후배님! 멈추지 마시고, 계속하셔야 합니다. 우리는 '100세 시대' 선에 승선했습니다. 시대에 맞춰 우리는 태평양을 향해 노를 저어야 합니다." 하시며, 저의 배움 열정을 끌어 주셨습니다.

　저는 선배님의 말씀을 듣고, '망설이지 말고 지금 무조건 결정하자! 망설임은 모든 일을 방해한다.'고 생각했습니다. '시작이 반이다.'라고 말했습니다.

꿈에 그리던 대학 문을 열고 조경훈 학과장님을 찾아갔습니다.

"신경하 선배님 추천으로 왔습니다. 저도 대학생이 될 수 있나요?"

"선생님 염려 마세요. 충분히 하실 수 있습니다. 선생님의 열정이시면 잘 하실 수 있습니다."

학과장님의 격려 말씀을 듣고 무척 기뻤습니다.

하지만 고등학교 졸업장 하나로 대학을 다닐 수 있을까 하는 불안감이 찾아오기 시작했습니다. 3년의 고등학교 생활은 졸업장이 목표였고, 삶의 현장이 상업이라 고등교육의 지식은 한마디로 바람 빠진 풍선이었습니다.

대학을 다시 찾아 학과장님께 "아무리 생각해도 저는 대학생 자격이 안 될 것 같아요. 아는 게 너무 없어요." 하며 포기하겠다고 말씀드렸습니다. 내 말이 떨어지기 무섭게, 학과장님께서 "유 선생님, 염려 마시고 저를 믿으세요. 충분히 하실 수 있습니다." 하셨습니다. 학과장님을 믿고 따르겠다고 약속하고 집에 왔습니다. 그러나 저의 결정에 남편도 반대를 했습니다. 저 역시 불안감이 엄습했습니다. 며칠을 기다려도 불안이 사라지지 않고 걱정은 더 커졌습니다. 이젠 공부 그만하고 자전거를 타며 운동이나 하자 생각하고 학과장님 다시 찾아갔습니다. 학장님은 똑같은 방법으로 말씀하셨고, 또다시 학과장님을 대면하고 상담하는 날이 반복되었습니다. 그때마다 용기를 주셨던 학과장님은 매년 입학식에서 "처음 입학을 두려워하시고 네 번을 찾아오신 14학번 유순호 선생님께서도 고령이신데도 학업에 잘 적응하시며 모범을 보여주십니다. 여러분도 학교생활에 잘 적응하셔서 꿈을 이루시기를 바랍니다."라고 말씀하셨습니다. 배움을 망설이고 네 번 상담 끝에 결정한 인물로 학우들과 선후배들에게 인식되었습니다. '실버문화예술대학'에 입학을 했습니다. 학습에서 실버문화경영학, 복수전공으로 사회복지학의 배움에 빠졌습니다.

대학에서의 배움은 온라인 수업으로 출석하고 오프라인 강의는 매월 마지막 주에 열렸습니다. 어느새 중간고사 시험 창이 열렸습니다. 과목마다 일정이 엇갈리고 시험 방식도 달랐습니다. 교수님들의 출제 범위도 제각각이었습니다. 가슴에 채워진 배움 씨앗을 찾아 조심조심 정성으로 시험지에 심었습니다. 중간고사의 태풍이 쓸고 가면 기말고사가 기다렸습니다. 어려운 것은 그것만이 아니었습니다. 온라인 강의도 마음 놓고 할 수 없었습니다.

몸이 허약한 남편은 점점 악화되어 입원하는 날이 잦았습니다. 남편의 병원 수발에 감당하기 힘든 세월을 보내며 남아 있는 한 올의 배움 줄에 매달렸습니다. "조금만 더 버텨다오! 하느님, 부처님, 조상님, 도와주세요!"

배움 줄의 한 올이 끊어지지 않도록! 매일 기도했습니다. 수차례

휴학 위기에도 끈기와 용기로 배움 줄을 엮어 동아줄을 굵게 만들어 디지털서울문화예술대학에서 실버문화경영학, 사회복지학, 두 개의 학사 열매를 수확했습니다. 저를 추천해 주시고 학문으로 이끌어 주신 신경하 선배님과 조경훈 학과장님께 감사드립니다. 아래는 대학 주소입니다.

(03645) 서울특별시 서대문구 통일로37길 60(홍제동, 디지털서울문화예술대학교)

[구] (120-090) 서울특별시 서대문구 홍제동 318-18 디지털서울문화예술대학교

예명대학원대학교

　경복방송통신고등학교를 졸업할 무렵 신경하 선배님께서 대학 홍보차 오셨습니다. 선배님은 학교 행사 때마다 참석하셔서 후배들에게 격려와 사랑으로 이끌어주시는 훌륭한 선배님이십니다. 선배님은 "여러분들의 앞날을 위해 배움을 멈추지 마시고 계속하셔야 합니다. 디지털서울문화예술대학에 오시면 장학금도 있고 사회복지사 자격증도 취득할 수 있습니다. 오시면 여러분들의 앞날이 밝아지십니다. 졸업은 끝이 아니고 시작입니다." 하시며 "이번 기회에 진학하면 혜택이 많습니다."라고 덧붙이셨습니다. 신경하 선배님과의 인연으로 디지털서울문화예술대학을 다녔습니다.

　신경하 선배님은 예명대학원대학교에서 활동하시며 "대학원 신입생 원서 접수 마감일이 26일까지라고 말씀하고 권유하셨습니다. "유 선생님 대학원으로 오세요. 계속하셔야 합니다."라고 하셨지만 저는 "형편이 어려워 할 수 없습니다."라고 말했습니다. 그 후 졸업식장에서 "앞으로 대학원 진학하셔서 어머니가 하시고 싶은 공부를 더 하세요."라는 며느리의 말에 용기를 얻어 급히 예명대학원대학교에 접수했습니다. 제 나이 72세였습니다. 부모님 세대였다면 칠십 대에 대학원 진학이 어려웠지만, 아직도 배움의 열정을 발산할 수 있을 정도로 건강에 자신이 있다는 마음에 시대를 잘 타고 태어난 내 자신이 행복하고 감사한 마음이었습니다.

하지만 말로만 듣던 대학원 수업이 너무 고난이었습니다. 배움은 즐겁고 "하면 된다."라는 신념으로 즐겁게 시작했는데, 이렇게 어려운 과정이었구나 하는 생각이 들었습니다. '내가 이렇게 어려운 공부를 할 수 있을까?'라고, 불안으로 자신감이 추락했습니다. 모든 여건이 불리하다는 것을 알고 자신에게 몇 번을 묻고 또 물어보아도 할 수 없다는 생각만 떠올라 여기서 포기해야 하나? 하는 생각을 수없이 해 봤습니다. '아니야! 나는 할 수 있어'라는 단어를 되풀이하며 다짐했습니다. 이력서에 포기라는 단어로 채울 수는 없다는 결심으로 일단 하는 데까지 해 보자고 마음을 먹었습니다.

저의 단점인 뇌신경 장애는 발음이 불분명하고 수전증을 유발하여 메모를 할 수 없도록 손이 흔들려 글을 쓴다는 것은 너무 어렵습니다. 그동안 발표하는 기회도 없었고 저의 말을 듣고 있는 상대가 불편하게 여긴다고 생각했습니다. 그래서 가족과 친한 친구 외의 사람들과의 만남이나 대화에서 밀려나 경청에만 집중하고 의견은 말하지 않았습니다. 그런 제가 대학원과제 'Report' 제출과 발표를 한다는 것은 상상도 못 하고 진학한 제 자신이 너무 황당했습니다.

물론 컴퓨터로 메모는 할 수 있었지만, 컴퓨터로 하는 것도 자판이 어려워 글자를 새로 만드는 수준의 속도로 해결 방법이 없다고 생각했습니다. 하지만 다른 방법을 찾지 못해 고민이 많았습니다. '여기서 포기할 수 없어!' 저의 이력서에 포기라는 단어로 채울 수는 없었습니다. 방법을 찾아내던 중 김효석 박사님의 유튜브 강의를 들었습니다. 말을 잘 하는 방법도 배워야 한다는 것을 알고 그곳을 방문하여 박사님께 여쭤 보았습니다. 박사님은 저에게 말을 못하는 것이 아니라 못한다는 생각으로 안 했을 뿐이라며 절대 포기하지 말고 대학원을 다니라고 하셨습니다. "하루 30분씩 이 책을 매일 큰소리로 읽고, 상대하고 대화도 많이 하시고 절대 못한다는 생각은 접고 꾸준히 연습하시면 됩니다."라고 하셨습니다. 저는 박사님의 조언을 듣고, 그대로 연습했습니다.

어느덧 중간고사가 되었습니다. 소논문 제출, 온라인 강의 요점 정리, 발표, 라는 과제를 받고 '그래, 잘할 수는 없어도 내가 할 수 있는 데까지 하다보면 언젠가는 되겠지.' 하는 마음이 들었습니다. 막연한 생각이었지만 책임감을 느끼고 준비했습니다. 실버비즈니스

경영의 이해 〈고령 친화 식품산업연구〉에 대한 소논문을 준비하고 김효석 박사님의 조언대로 발표를 시작했는데, 너무 떨렸고 앞이 보이지 않았습니다. 하지만 박사님이 하신 말씀을 생각하며 '할 수 있다.'라는 자신감을 찾아 발표를 마치고, 교수님과 원우들의 박수를 받았습니다. 모두들 "유 선생님 정말 잘 하셨습니다."라고 칭찬해 주셨습니다. "칭찬은 고래도 춤춘다."라고 했습니다. 칭찬을 받고 기분이 좋았습니다. 다음에는 더 열심히 준비하면 차츰 나아지겠지 하는 자신감이 생기기 시작했습니다.

존경하는 교수님들의 가르침을 받으며, 대학원 과정에 몰입하고 나니 대학이 저만을 위한 것이 아닌 사회에 공헌할 수 있는 역량을 키워내는 곳이라 생각했습니다. 자신을 잘 알아야 여생의 문턱을 슬기롭게 넘을 수 있고, 그곳에서 정신적 고통에 처한 사람들에게 조금이나마 위로가 되고자 하는 결심으로 배움을 선택했습니다. 그 뜻을 이루기 위해 자신을 먼저 연구하고 사물을 관찰하며, 사회가 요구하는 것에 초점을 맞추는 연구자가 되고 싶습니다. 수차례 포기의 위기를 극복했고 골인 지점이 가까워질 때까지 지지해 준 가족과 지도해주신 예명대학원대학교 교수님들 그리고 원우들과 많은 선후배님들께 지면을 빌려 감사함을 전합니다.

CHAPTER 4

추억&꿈&취미

남은여생의 목표, 장학나무 심기

2019년 12월 28일, 나는 그 날을 잊을 수가 없습니다. 밤을 꼬박 새웠고, 마음을 어떻게 관리해야 하는지 몰라 이러지도 저러지도 못 했기 때문입니다. 천당과 지옥을 오갔습니다. 현금 일천만 원을 처음으로 나의 손에 쥐고 만져본 날이기도 했습니다. 물론 일천만 원보다 더 많은 돈이 저에게 있었지만, 한 번도 거액의 현금을 제 손으로 직접 만져 본 적은 없었습니다. 그날 뜻밖의 거금을 손에 쥐고 있으니, 잠이 쉽게 들지 않았습니다. 그렇게 큰돈을 만져볼 기회가 있다는 행복감에 기쁨을 표현할 길이 없었습니다.

이 큰 돈을 어디에, 써야 할까? 쓰고 싶은 곳이 너무 많아 밤새워 쓸 곳을 떠올려보니, 하늘에 올라 훨훨 날며 지구를 내려다보는 심정이었습니다.

지난 12월 21일, 숙부님 댁에서 취침하고 "당분간 못 뵙게 되니 기다리지 마세요!" 하고 왔는데 갑자기 사촌 동생한테 연락이 왔습니다. "누나! 아버님께서 누나가 당분간 못 온다 했는데, 언제쯤 올려나? 하시며 기다리시는 눈치야. 누나 보고 싶으신가 봐." 이 말에 제가 "그래! 그럼 내가 밤늦게라도 갈게."라고 말을 하고, 저녁에 찾아뵈니 기다리고 계시다 반갑게 맞아주셨습니다. "내가 죽기 전에 너하고, 아들, 딸, 세 사람한테 똑같이 주는 거다" 하시며 은행 봉투 세 개 중 하나를 저에게 주셨습니다. "이게 뭐예요" 했더니 사촌 동생이 옆에서 "누나, 이거 맛있는 빵이야. 아버님께서 우리 셋 똑같이 주셨으니까 그냥 받으면 돼." 하고 웃었습니다.

　토요일마다 사촌 동생은 요양보호사 선생님과 하룻밤 교대하면서, 숙부님 곁에서 간병을 했습니다. 저는 사촌 동생과 가끔 교대하며, 숙부님을 보살펴드렸습니다. 실버타운에 기거하시며 건강하게 계셨는데, 세월은 어쩔 수 없어 점점 기력을 잃으셨고 노환으로 고생하시며 요양선생님의 케어를 받고 계시던 기간이었습니다. '소도 언덕이 있어야 비벼댈 곳이 있다.'고 했듯이, 제가 사업을 키울 때마다 숙부님의 도움을 많이 받았습니다. 그 은혜에 조금이라도 보답해 드리기 위해 진심으로 보살펴 드리고 싶었습니다. 노환으로 고생하시는 동안 가끔 돌봐드렸을 뿐인데, 이렇게 거금을 주시니 황송할 따름이었습니다. 난생 처음 만져보는 현금, 그것도 정말 생각지도 않게 하늘에서 뚝 떨어지는 것을 받은 기분이었습니다. 현금 일천만 원 지폐를 손으로 감싸고 화폐의 촉감과 향기를 음미하며 돈의 가치가 사람의 마음을 두근거리게 한다는 것을 직접 체험했습니다. 그러나 기쁨도 잠시였습니다. 이 거금을 어디에 써야 할지 불안하기 시작했습니다. '돈을 버는 것도 중요하지만, 어떻게 쓰느냐가 더 중요하다'는 저의 신념과, '갑자기 공짜로 얻은 돈이라고 함부로 지출하면 안 된다.'는 것이 저의 평생 철학이었습니다. 지금도 소비에는 신중하게 지출해야 한다고 생각하며 절약하는 습관이 삶에 배어 있습니다.

뜬눈으로 밤을 새우고 선한 일에 기부하자고 결심했습니다. 현금 일천만 원 거금을 저의 통장에 입금하고 결정을 다음으로 미루면 마음이 변할까 봐 곧바로 초원장학재단을 방문하고 회장님께 전달했습니다. "숙부님께서 조부모님 추모 장학금으로 기부하고 싶다고 회장님께 전해드리라고 하셨습니다."라고 말씀을 드리고 기부했습니다. 숙부님께서 주신 돈이니, 제가 드리는 돈이라는 말은 안 하고 숙부님 심부름하는 것처럼 말씀드렸습니다.

회장님께서 기뻐하시며 조부모님이 살아 계실 때를 떠올리시며 그 시대에도 나눔을 실천하신 분들인데, 후손들도 나눔을 실천하신다며 조부모님에 대한 말씀을 하셨습니다. 조부모님의 나눔 정신으로 외국 선교사를 사랑방에 기거시키셨으며, 선천 기독교장로회를 설립하시게 된 동기에 대해 또다시 들었습니다.

하늘에서도 조부모님의 나눔 정신을 후손들이 이어받아 잘 지켜나가는 데 보람을 느끼시고 기뻐하실 거라고, 초원장학회 회장님께서 계속 이야기해 주시니 마음이 흐뭇했습니다. 제가 태어나기도 전 그 옛날 1930년대에 저의 조부모님은 마을에서 가난하고 약한 자들에게 후한 인심으로 돌봐주시기로 소문이 났다고 했습니다. 외국 선교사들 활동도 적극적으로 지원하시며 마을에 교회를 창건하셨다고 하셨습니다. 선조들의 후덕하셨던 뜻을 본받아 앞으로 도움이 필요한 학생을 위한 장학나무를 심어, 배움의 기회를 잃은 학생에게 조금이라도 도움이 되고 싶었습니다. 배움의 실천이 헛되지 않도록 살아있는 그 날까지 꾸준히 노력하여 배움의 나눔을 실천해야겠다고 생각했습니다.

얼마 후 초원장학회 증서를 찾아 숙부님께 전해 드렸습니다. "숙부님께서 초원장학회에 장학금으로 전달해 달라고 저에게 주셔서 가지고 왔습니다. 그래서 숙부님 존함으로 장학금 증정패가 왔습니다." 하고 드렸습니다. 숙부님께서는 "너에게 돈을 더 주고 싶었지만 네 성격을 알고, 그동안 너희들의 도움을 많이 받아 성의 표시로 조금 주었더니. 그마저도 이렇게 나를 생각해 주니 너에게 더 이상 할 말이 없구나!"라고 말씀하셨습니다. 공부는 언제까지 하느냐며 장하다고 기뻐하셨는데, 2개월여 후 3월 초 92세에 소천하셨습니다.

성경에 '오른손이 한 일을 왼손이 모르게 하라'고 했습니다.

초원장학회 회장님께서 "현금을 맡기는 분이나 심부름을 하는 조카나 참으로 훌륭하다며 사진으로 증거를 남겨야 한다고 현금을 들고 찍은 사진을 저에게 주셨는데, 이 책을 읽으시면 또 한 번 놀라시리라 믿고 출판하기 전에 알려드려야 하는지 고민입니다. 초원장학회 회장님, 책을 빌려 사실을 밝히게 되어 죄송합니다. 늘 건강하셔서 제 곁을 지켜 주세요.

제 생전에는 이 사실에 대해 누구에게도 말 하지 않으리라 결심했지만, 책을 집필하며 알려도 된다는 생각이 들었습니다. 자녀들이 엄마의 이 사실을 책을 통해 알게 된다면, 공돈이 생겼을 때 엄마처럼 기부하려는 마음이 생기지 않을까 하는 나만의 기대에 공개하고 싶었습니다.

초원장학회, 초원봉사회

초원장학회 송년 자선바자회에 참석하여 회장님을 만났습니다. 초원장학회는 유승룡 선생님의 재동초등학교 교사시절, 1974년 1월 10원 모으기로 시작하여 지금의 사단법인 초원장학재단으로 교육청 소속 정부에서 개인이 인가받은 장학 사업입니다. 회장님은 충청남도 서천군 판교면 오송국민학교에 부임하셔서 제자들을 사랑과 정성으로 키우시며, 나눔을 실천하신 부부교사이셨습니다. 향년 93세이시고, 저의 친척 어르신이기도 합니다. 서울로 전근하신 후 초원봉사회를 모태로 초원장학회는 전 세계에 있는 유승룡 선생님의 제자들과 종교를 초월한 회원들의 후원으로 운영되고, 우리나라 사회복지에 이바지하고 있습니다.

초원장학회는 정부도 기업도 아닌 개인회원의 장학회이니 이보다 더 훌륭한 단체는 없다고 생각합니다. 회장님의 10원 철학은 초원봉사회 회원들의 나눔 정신으로 지속적으로 이어지고 있습니다. 그 정신은 우리 사회의 등불이 되고 있습니다. 회장님은 근검절약을 평생 실천하시며, 나눔의 선두주자로 많은 회원들에게 모범을 보이시고 계십니다.

회장님의 큰 뜻을 받들어 조금이나마 도움이 되고자, 초원 봉사회 회원으로 가입했습니다. 배움을 향한 저에게 희망의 빛이 보였습니다. 배움을 통해 저에게 오는 모든 시련과 고통은 자신이 감수해야 한다는 것을 알았습니다. 행복은 멀리 있는 것이 아니고 가장 가까운 곳, 진실한 마음으로 누구에게 도움이 되었다고 생각할 때가 행복하다는 사실을 회장님으로부터 배우게 되었습니다. 회장님은 약자를 위해 "그들의 고민을 들어주는 것만으로도 그들에게는 위로가 된다." 하시며, 봉사하는 마음을 가지면 행복해진다고 말씀하셨습니다.

저는 그동안 나눔은 돈으로만 하는 것이라는 고정관념이 있었습니다. 마음만 있으면 무엇이든 기부할 수 있다는 사실을 회장님 말씀에서 찾았습니다. '나눔이 행복'이라는 회장님의 말씀에 저의 지난 삶이 부끄러워졌습니다. 평생을 통해 배워야 한다는 사실을 실천하며, 배움을 나누기 위해, 앞으로 회장님의 조언을 많이 듣기로 결심했습니다. 저도 나눌 수 있다는 자신감으로, 내면에서 행복을 찾는 기쁨에 마냥 즐거운 날이었습니다.

지면을 빌려 초원장학회, 초원봉사회를 소개합니다.

1974년 1월 1일 발기인의 초대 글을 올립니다. 이 글을 읽고 함께하실 분은 아래 연락처로 연락하시면 나눔을 실천하실 수 있습니다.

1. 연락처 : 02-338-5240

2. FAX : 02-337-3715 재단법인 초원장학(봉사)회

3. 주소 : (우)04085 서울시 마포구 토정로 24-3

4. 홈페이지 : http://www.chowon.or.kr

"초원에 초대합니다. 급변하는 산업사회에서 살고 있는 우리는 지금 '삶'의 근본 목적(종교, 철학)을 잃은 나머지 이웃은 물론 자신마저 잊은 채 방황하고 있습니다. 독주(1등)만이 최선이라는 가치관이 지배하는 현실에서 일과 시간에 끊임없이 쫓기다 보니, 항상 불안하여 지난날 자기와 같이 어려운 처지에서 발버둥치는 다른 사람들을 살펴 볼 여유조차 없게 된 것이 오늘의 실정입니다.

더욱 자기 이익을 위해서는 수단 방법을 가리지 않는 행동은 부조리를 낳고 이로 인하여 더 무서운 불신 풍조가 소박한 인간의 도리마저 외면하는 현실입니다. 이런 상황에서 교사로서 '어떻게 사는 길이 바르고 가치 있느냐?'의 정사(正邪)를 판단하는 가치기준의 정착이 없어지는 것을 심각하게 고민하고 있습니다.

세계는 또 다른 자원 전쟁으로 계속 변해 가고 있는데도, 우리는 가진 것이 없습니다. '비록 경제적으로 가난하더라도 마음마저 빈곤할 수는 없다.'는 각오로 처지를 바꾸어 생각하고 이해하며, 서로 도움 되는 일을 하고 싶습니다. 이런 여유 있는 마음가짐으로 전통적인 덕성을 되찾음으로써, 우리는 물질을 지배할 풍부한 정신력을 기를 수 있기 때문입니다.

각자 근검절약하여 생활 안정을 꾀하고, 성금을 모아 그늘에서 고통받는 이들에게 자립할 희망과 용기를 심어주며, 친구와 이웃에게도 이에 동참할 것을 권고합니다. 이렇게 서로의 마음을 살찌게 하는 길이 날로 번져가는 저 무서운 불신풍조를 없애고, 더불어 평화롭게 사는 정도임을 확신합니다. 따라서 초원은 고상한 이론보다 〈뜻 있고 인정 어린〉 신념 있는 실천인을 찾고 있습니다. 상 받는 일에는 항상 소외당하면서도 곳곳에 묻혀 메말라 가는 현실의 텃밭, 작은 진실과 사랑의 씨를 성실히 심고 있는 동지들의 마음을 한데 모아, 대화를 통해 만사귀정관(萬事歸正觀)을 확립하고, 어려운 이웃을 도와가며, 아름답고 건강한 사회풍토를 이루고자 뜻 있는 여러분을, 이 초원 사랑 나누기에 초대합니다.

1974년 1월 1일 발기인 : 서울재동초등학교교사 유승룡

유승룡 선생님은 복지 사각지대에서 10원 철학을 모태로 나눔을 실천하시고 제자들의 참스승이십니다.

〈제1-491호 법인설립허가서〉

민법 제32조 및 공익법인의 설립. 운영에 관한 법률 제4조에 의거 아래 법인의 설립을 허가한다.

1. 법인명 : 재단법인 초원장학회

2. 대표자 : 유승룡(劉承龍)

3. 소재지 : 서울특별시 마포구 합정동 198-15

4. 정관 : 별첨

1994년 12월 5일 서울특별시 교육감의 법인을 취득하셨습니다. 참으로 훌륭하신 분입니다. 자신의 이익보다 가난하고 소외된 이들을 위해 봉사하는 정신을 본받고 싶습니다.

생활은 검소하게 마음은 여유롭게, 삶을 아름답게, 사회를 건강하게. 권력이 힘이 아니라 진실(眞實) 정의의 힘이. 초원인은 좋은 말보다 언행일치하는 실천으로 말하라. 초원은 글공부만 잘하기보다 먼저 남을 배려하고, 봉사할 줄 아는 선한 사람이 되기를!

윗물이 맑으면 아랫물은 자연히 맑아진다. 지폐 몇 장에 자기 인격을 파는 윗물들의 인간퇴화, 출세지향적인 승자독식이나 1/2의 정치논리로는 주변을 맑게 할 수 없다. 욕심이 없어야 진리와 진실이 보인다(무욕견진-無慾見眞). 이기적인 1등보다 꼴찌라도 선한 사람이 우대받는 사회가 평화롭다는 철학을 지키자[출처: 초원장학(봉사) 소식지].

초원의 길 사랑실천의 길, 절실한 유·청소년들과 사랑나누기 48년, 삶을 아름답게 사회를 건강하게, 생활은 검소하게 마음은 여유롭게, 더불어 살기 꿈이 있는 재단법인 초원장학회를 소개합니다.

사랑을 나누는 초원장학(봉사)재단(Chowon Charitable Service Association)

I. 설립 배경과 취지

우리나라는 1960년대부터 전통 윤리관이 무너지면서 교단에 서마저 제자들에게 인격형성에 바른 영향을 끼칠 수 없게 되었습니다. 날로 비정해지는 이런 사회 타락상을 지켜보며 고민하던 한 교사가 인간성 회복의 꿈을 안고 1974년 '뜻있고 인정 어린' 초원 봉사회를 시작하게 되었습니다.

II. '초원의 길, 스승의 길'을 실천한 발자취

1. 비록 가난하더라도 바르게 사는 선비정신을 본받고자 '생활은 검소하게 마음은 여유 있게', '푼돈 아껴 불우이웃 돕자'는

실천표어 아래 함께 실천할 회원을 모으기 시작했습니다.

2. 관심만 있으면 누구나 동참할 수 있도록 회비는 하루 10원(월 300원)씩 아껴 모으는 이삭줍기로 했습니다.

3. 이 겨자씨 운동은 12년 만에 1억 원이 넘는 스승의 사랑나무로 자랐습니다.

4. 1994년 20돌을 기념하여 장학사업을 재단법인으로 등록했습니다[서울시 교육감 인가(제1-491호)].

5. 설립한 지 30년이 지나면서 일반 사회인의 동참은 물론 많은 시내 초등학교에서 모금봉사 하는 교사들(팀장)이 있어 1만여 회원들이 개미군단을 이루어 1년에 1억여 원을 모으는 장학회, 봉사단체로 뿌리 내렸습니다.

6. 이렇게 모은 성금 회비는 회원 주변의 불우 이웃 돕기와 딱한 사정을 호소하는 제자들에게 장학금을 주며, 자립의지와 봉사심을 일깨우는 인성교육을 실시합니다.

7. 뜻을 함께하는 회원들을 중심으로 그늘진 이웃과 사랑을 나눠온 초원장학(봉사)회에서는 지난 30년의 뿌리 위에 작은 유산으로 개인(추모, 효도, 유지, 기념) 장학 사업을 접목하게 되었습니다.

☞ 2015년부터는 감독청인 서울시교육청의 지시에 따라 임의 단체인 봉사회와 공익법인 초원장학재단을 따로 나누어

운영하게 되었습니다.

이 푸른 초원에 의미 있는 장학나무를 남겨서 나누는 초원개별 장학나무심기를 안내합니다.

정당한 방법으로 열심히 벌어서, 꼭 필요한 곳에 쓴다면 세상에 돈보다 소중한 것이 있을까요? 그러나 돈에도 윤리성이 있으므로 벌기도 어렵지만 잘 쓰기는 더 어렵습니다. 누구나 남을 돕고, 좋은 일 하며 살겠다고 벼르다 끝나는 것이 민초들의 일생입니다. 마지막 세상 떠날 때만이라도 살다 남은 일부를 좋은 일에 쓰도록 세상에 남기고 간다면 얼마나 아름다운 일생이 될까요? 본인의 유언이나 자녀들의 효심으로 1천만 원을 기부하면 원금은 초원재단에서 장학나무로 잘 관리하고, 그 과실로 절실한 유, 청소년 꿈나무들에게 사랑의 장학금을 주는 다음과 같은 개별 장학나무 심기를 알려 드립니다.

1. 부모님 은혜나, 은인에 대한 사은의 뜻뿐 아니라, 먼저 떠난 배우자를 위한 추모장학나무 심기

2. 결혼식, 집안 잔치, 행사절약비나 형식적 납골당 대신 삶을 기리는 추모 장학나무

3. 자체재단운영(등록기본금 최소 5억원)하기에는 금액이 소액인 각종 동창회나 장학 사업을 하고 싶은 단체들의 뜻 있는 장학

나무

☞ 기증액 : 초등학생에게는 1천만 원, 중학생에게는 2~3천만 원, 고교생(대학생)에게는 5천만 원 이상을 해마다 과실에 맞는 꿈나무 상금이나 장학금을 줍니다.

☞ 개별 장학금 이름 : 기증인의 호나 이름으로 장학금 이름을 기증인이 지어줍니다(보기: 베드로장학금, H해인 장학금 등).

☞ 약정 패 증정 : 처음 300만 원으로 시작하여 100만 원씩 1천만 원이 되면 원금은 재단 기본자산으로 등록하고, 그 과실로 장학금을 준다는 약정패를 드립니다.

☞ 입금 ⇒ 국민 762-01-0018-436초원장학회

⇒ 농협 302-0670-7600-11(이사장 유수선)

– 〈출처 : 초원장학(봉사)소식지〉

한산 세모시의 추억

저의 어머니는 몸이 허약하셔서 농사일보다 농촌의 부업인 한산모시를 많이 하셨습니다. 그 영향을 받은 저는 어릴 때부터 순진하고 말 잘 듣는 아이로 또래들보다 성숙했습니다. 마을 언니들을 따라다니며 행동을 같이 했고, 모시 일을 자연스럽게 배우며 어머니가 하시는 일을 많이 도왔습니다. 어머니가 부업을 하실 수 있도록 동생들을 돌보며 집안일을 거들고 어머니가 시키는 일은 무엇이든 순응하며 따랐습니다. 지금 생각하면 초등학교 입학 전부터 웬만한 집안일을 돌보며 모시 째고, 모시 삼는 일을 잘 하는 아이였습니다. 동생들을 돌보는 틈틈이 마을 언니들과 함께 모시 일을 하던 기억은 지금 생각해도 믿기지 않습니다. 그 시기 산촌 아이들은 거의 모두 그렇게 자랐습니다.

우리 어머니는 여자는 음식을 잘하고, 길쌈, 바느질 솜씨가 좋아야 한다며 어린 나에게 그런 일을 가르치려고 하셨던 것입니다. 어머니는 마을에서 알아주는 솜씨 좋은 분으로 모시도 잘 매고 베 짜는 일도 선수였습니다. 어머니 손이 닿으면 무엇이든 쉽게 해결된다며 소문이 자자했습니다.

모시는 밭에 있는 모시 뿌리에서 새싹이 돋아나 모시풀이 어른 키만큼 자라면 베어서 잎을 따내고 줄기의 껍질을 벗겨 물에 담가 푸른색을 날리고 건조시키는 것을 반복하여 태모시를 만들어 보관합니다. 보관된 태모시를 하루 쩰 만큼을 다시 물에 불려 엄지손가락을 중심으로 손등에 모시줄기 한 올씩 감아올려 똬리를 만들어놓습니다. 차례대로 한 올씩 풀어 앞니로 가늘게 쩨서 실을 만들어 손가락 사이사이에 끼워가며 손등의 똬리가 없어지도록 가늘게 쩨서 실을 만드는 것이 모시 쩨기입니다.

가늘게 쩬 모시는 모시 톱에 다듬어 모시 전지에 그네처럼 걸어놓고 한 올씩 빼서 침을 발라가며 무릎 위에서 꼬아 실을 만드는 것이 모시 삼는 일입니다. 손등에 얹은 똬리 하나를 쩨서 삼은 것이 모시 한 굿입니다. 하루 종일 쩨고, 하루는 삼고 이렇게 모시 열 굿을 삼아야 모시 한필 날실이 됩니다.

날실로 만든 모시 열 굿을 각각 잡곡으로 누르고 날틀에서 모시 날기가 끝나면 왕겨 불을 피워놓고 불 온도를 적당히 너무 높지도

약하지도 않은 온기로 말립니다. 모시 매는 날은 바람이 잠자는 날, 햇빛이 숨은 날, 구름이 내려앉은 날, 새벽안개 춤추는 날이 적격입니다. 바디 살에 한 올 한 올 끼워진 베실을 날콩가루 풀을 발라 왼손으로 감싸주고 오른손에 베 솔을 잡고 주무르고 발라주며 부드럽게 빗겨놓고 바디 살로 밀어내어 잉어 대를 밀어가며 건조되면 도투마리에 감는 과정을 거칩니다. 매는 과정이 끝나면 베틀에 도투마리를 올려놓고 허리에 바디를 차고 한쪽 발에 끌개로 밀고 당기며 모시 실꾸리를 북에 넣고 베틀에서 모시를 짭니다. 모시는 여름철 대표적 직물로 그 당시는 많은 아녀자들의 대표적 부업이었습니다.

어머니의 모시 한 필은 아주 섬세하고 흠이 없이 명품으로 인정될 만큼 품질이 좋았습니다. 그중에서도 모시 매는 일은 다른 사람보다 솜씨가 뛰어나서 모시 매는 일을 도맡아 하셨습니다. 모시 매는 일은 아무나 하지 못하고 우리 어머니가 거의 도맡아 하셨습니다. 어머니가 모시를 매면 베 짜기가 수월하다고 모두들 어머니가 모시매 주기를 원했기 때문입니다. 모시 매는 것은 하루에 세 필을 맵니다.

모시 한 굿 삼는 일은 하루가 꼬박 걸립니다. 모시 매는 품삯을 한 굿 삼아오는 것으로 대체했습니다. 쩬 모시를 대기 위해 어머니는 밤늦게까지 모시 일을 하셨습니다. 하라고 시키지도 않았는데 저는 너무 일찍 철이 들어서 어머니를 따라 시작했는데 "어른 못지

않게 잘 하는구나." 하시며 준비해 주셔서 어머니를 도와 드렸습니다. 같은 또래 친구들은 바깥마당에 모여 뛰어 놀고 있었지만 저는 친구들 언니들과 함께 모시 째고, 삼는 일을 같이하며, 언니들과 같이 행동했습니다. 그 후 친구들은 학교에 다니면서 같이 어울렸고, 언니들은 학교도 다니지 않고 가사 일을 배우며 모시하는 과정을 업으로 삼아 성장했습니다.

그때 저도 학교에 가지 않고 언니들처럼 일했을 거라는 생각을 하면 아찔합니다. 다행히 초등학교에 입학할 수 있었고, 그 계기로 한글을 배운 것입니다.

솜씨 좋은 어머니는 모시 짜기도 선수이셨습니다. 모시 필을 보면 선녀의 날개보다 더 곱고 흠이 없어 한산 오일장에서 비싼 값으로 상인들의 인정을 받았습니다. 어머니의 모시라고 하면, 펼쳐서 확인도 안 하고 서로 고가에 구입하려 했다고 아버지는 한산모시 장에서 있었던 상황을 기뻐하시며 말씀하시곤 했습니다. 그 정도로 품질이 우수했다는 뜻입니다. 그 시대 모시는 아녀자들의 부업으로 생활경제에 많은 도움을 주었습니다. 이웃들은 굵은 모시를 하였으나 어머니는 서천으로 이사 후 솜씨를 발휘해 세모시를 계속하셨습니다.

어머니가 안 계신 지금, 추억을 더듬어 어머니의 세모시 하시던 모습을 다시 한 번 보고 싶어 상상해 보았습니다. 호롱불 밑에서 베

틀에 걸터앉아 오른손은 북을 밀어주고 왼손으로 받아가며 찰칵찰칵 소리를 내며 베 짜는 모습이 아직도 눈에 아른거립니다. 어린 자녀들을 재워놓고, 늦은 밤까지 아버지는 베틀 옆에 기대어 모시꾸리를 감으시며 베 짜는 어머니 옆에서 담소하시던 그 모습이 엊그제 일처럼 선명하게 떠오릅니다. 제 나이 20세 어머니는 44세의 젊은 나이에 하늘나라에 가셨습니다. 어머니와 함께 세모시를 열심히 하며 베 짜기를 배웠는데, 더 이상 하고 싶은 의욕을 상실하고 결혼과 동시에 도시 생활로 멈췄습니다.

지금 돌이켜 보니, 그 조그만 꼬막손등에 모시똬리를 틀어 놓고 앞니로 째고, 침을 발라가며 무릎 위에 비벼 모시 삼던 어린 소녀가 제 가슴에 같이 자라고 있다는 생각에 장하고 기특하다고 칭찬해 주었습니다. 또한 이렇게 좋은 세상에 태어나게 해 주신 부모님께 감사를 드립니다.

참고로 한산모시는 여름옷의 대명사입니다. 시원하고 품위가 넘쳐 그 시대의 고급 의류였습니다. 모시 제작과정은 제가 어린 시절에는 시골 아낙네의 부업으로 어느 집에서나 볼 수 있는 부업의 문화였습니다. 하지만 모시옷 제작 과정은 모두 수작업으로 어려워 산업사회로 쇠퇴되어, 근래에는 한산 지방의 특산품으로 각광받으며 모시박물관에 가야 볼 수 있습니다.

'한산모시는 충청남도 서천군 한산면 지역에서 생산되는 고급모시로 한산모시를 짜는 기술은 1967년 무형문화재 제14호로 지정되었다. 2011년 11월 28일 한산모시 짜기는 유네스코 인류무형문화유산으로 등재되었다. 기능보유자는 방연옥이 있다(출처: 위키백과).'

서천군의 대표 관광자원으로 한산모시와 소곡주가 대표적이며, 전시관에서 모시 짜는 과정을 볼 수 있습니다.

20대에 시작한 사업

　가게를 처음 시작하던 1971년 은평구에 자리한 연신내 사거리
는 북한산 자락에서 내려오는 맑은 개천물이 흐르고 있었습니다.
주변의 인구가 늘어나 자연스레 상권이 포화상태가 되면서 개천의
오염도 점점 심해져 악취가 나기 시작했습니다. 그 후 도시계획의
일원으로 개천이 복개되어 지금은 개천이 있었다는 사실을 모를 정
도로 서북지역 상권 일번지가 되었습니다.

　시댁에서는 시장이 번성하고 상권이 보장되어 장사가 잘되는
연신내 지역이 좋아진다고 하시며 시장 옆에 새로 건축된 신시장
에 건어물 가게를 차려 분가를 시켰습니다. 시골 생활에 익숙한 저
는 결혼하고 시댁에서 12식구의 살림을 하며 일 년을 보냈습니다.
상업을 어떻게 운영하는지도 모르고, 상업의 기본지식도 없이 상업
을 시작했습니다. 당연히 고객의 발길을 잡을 줄도 모르고, 시작한

가게에는 손님이 없었습니다. 상품은 점점 품질이 떨어지고 재고만 쌓이는 것을 보고 이웃집 신발 가게 아주머니께서 "이대로는 재고감당이 힘드니까 개천 옆에 나가서 팔아보면 어떨까?"라고 권유하셨습니다. 신시장은 상권이 안 좋아 자기들도 후회한다며, 자기는 재고가 없어 다행이라고 하셨습니다. 하지만 건어물은 시간이 지날수록 손해를 볼 수밖에 없으니, 노점으로 나가면 좀 나아질 거라며 재고를 줄여야 손해를 안 보는 것이라고 가르쳐 주셨습니다. 옆집은 신발가게를 하니까 손님이 없어도 물건은 그대로 있지만 우리는 물건이 팔리지 않으면 자금회전은 물론 재고가 되어 손해를 보는 것이었습니다. 아주머니는 자기 장사가 안 되는 것보다 우리 가게가 안 되는 것에 대해 더 마음 아파하시며 새색시가 경험도 없이 고생이 많다고 걱정이셨습니다. 임신 후반기, 무거운 배를 안고 아주머니 말씀대로 가게물건을 조금씩 나누어 길거리에서 좌판을 만들고 종일 서서 손님을 기다렸습니다. 고객을 대면하기가 부끄러워 대화는 커녕 숨고 싶은 생각뿐이었습니다. 그런 마음으로 고객을 대했으니 누가 내 물건을 팔아주었을까요?

남편은 장사가 안 된다는 이유로 집안일은 팽개치고 날만 새면 큰댁에 가서 본인이 하던 일에 집착하고 밤에만 와서 다른 방법을 찾는 중이라고 했습니다. 남편은 본인이 분가하기 전 했던 형님 가게 일을 계속하던 중 친구가 자기 가게 앞에서 과일을 팔아보라고 한다며 과일 노점상을 같이 하자고 했습니다. 가게에 쌓인 건어물은 하절기의 습도에 미역 다시마는 눅눅해지고 멸치, 오징어, 꼴뚜기 등 건어물은 변질되어 파리들의 낙원이 되어 있었습니다. 임신 중인 저에게는 역겨운 냄새였으나 파리들에게는 달콤한 냄새였는지 모여들기 시작했습니다. 냉방시설이나 방충망도 없이 파리채를 들고 싸웠던 그 모습을 상상하면 지금도 너무도 처량합니다.

결혼 전 시골생활의 두레 모습이 생각이 나고, 서울 사람들은 모두 행복할 거라고 생각했던 상상은 무너졌으며, 장사꾼의 자질은 타고나야 한다는 생각만 들었습니다.

임신 후반의 무거운 몸으로 더위에 지쳐 있던 새색시 시절을 생각할 때마다 그 시절을 기억에서 지우고 싶지만, 더 또렷하고 선명하게 되살아납니다. 전자제품의 홍수 속에 포장기술이 발달한 이 시대에서는 아무도 그 상황을 믿어 주는 이가 없을 것이라는 저만의 생각에 잠겨야 했습니다. 재래시장이나 백화점, 가까운 슈퍼에 고도의 기술적 포장과 냉장시설에 보관된 건어물을 볼 때마다 지난날의 괴로웠던 추억이 밀려옵니다.

추억 속의 건어물 가게를 잊어야 했고 삶의 현장에서 두 번째 업종으로 과일 노점상이 시작되었습니다. 연신내 사거리 남편 친구의 가게 앞에 깊은 개천이 흐르고 있었습니다. 그 옆에 과일 노점상을 시작하고 남편도 적극적으로 매달렸으나 그것도 수입보다는 재고가 더 많았습니다. 여름과일의 대명사 수박매출도 어려움이 많았습니다. 수박이 잘 익었는지 확인하는 방법은 속을 볼 수 없으니 손님이 보는 앞에서 삼각형모양으로 도려내 완숙인지 확인해서 설익은 것이면 다른 것으로 대체해야 했습니다. 참외나 포도 등 모든 여름과일은 시간이 지나면 상품가치가 없고 제 값을 받을 수 없어 손해를 봤습니다. 임신 후반의 무거운 몸으로 노상에서 과일 파는 것이 부끄럽고 창피한 마음뿐이었습니다.

고객관리를 못 한다며 남편은 저에게 핀잔을 주었고, 남편의 질책에 기가 죽어 아무 말도 못하고 먼 산만 바라보는 습관만 늘었습니다. 더위는 계속되고 과일 재고는 점점 더 늘어 빚만 늘어났습니다. 그러던 어느 날 아침 허리가 아프기 시작했습니다. 노점에도 못 가고 하루 종일 시름하는 것을 지켜보던 옆집 아주머니는 출산일이 다가오는 거라며 조심하라고 조언해 주셨습니다. '애 낳을 때는 배가 많이 아프고, 고무신을 벗을 때 다시 뒤돌아보며 들어간다.'는 어른들의 말만 믿고 복통이 오기만을 기다리다 출산 직전에야 남편에게 말했습니다. 남편은 다급했는지 2km 떨어진 시댁으로 어머니를 모시러 가면서 옆집 아주머니를 불러놓고 가 버렸습니다. 아주머니는 위급한 상황에 가까운 산파를 데려와 아이를 받는 순간 시어머니와 남편이 들어섰습니다. 아침부터 허리가 몹시 아프고 야밤이 되니 몸체와 허리가 분리되는 듯한, 허리통증이 있었지만, 배가 아파야 아이 낳는 것이라고 믿었던 저는 자정까지 배가 아프기만 기다리는 무능한 존재였습니다. 그 후 둘째를 낳고 셋째 출산까지 허리통증만 있고 복부 통증은 전혀 없었습니다. 출산 경험을 많은 사람들에게 말하고 특히 젊은 임신부들에게 허리 아파서 낳는 예도 있다고 이야기 해 줍니다. 사실 지금은 병원에서 출산하니 알 필요도 없지만, 저는 출산할 때 복통이 오기만을 기다렸는지 생각할수록 부끄럽고 안타까운 일이었습니다. 천장이 낮아 일어서지도 못 하는 다락방에서 허리통증으로 딸을 출산했습니다. 1개월 후 무렵 마침 시댁 근처에 가게가 전세로 나와 빚을 내서 1년 계약으로 이사했습니다. 역시 우리 딸이 복덩이임이 틀림없다고 생각하고 행복한 마음이었습니다. 첫째 딸은 시댁과 이웃에서 더 많은 사랑을 받으며 무럭무럭 예쁘게 자랐습니다. 시어머님께서 날마다 오셔서 시댁으로 데리고 가서서 키우셨습니다. 젖 먹는 시간에 젖만 먹여 데리고 가시면 기저귀도 큰엄마가 새것으로 채워 보내시며 큰집 막내처럼 키우셨습니다. 큰집 막내 조카가 4세로 사촌 언니가 되어 친동생처럼 잘 보살펴주니 언니들을 따르며, 할머니, 큰아버지, 큰엄마의 사랑을 독차지하고 자랐습니다. 역시 "복덩이는 타고나는 것이다."라는 어른들의 말씀을 믿기로 했습니다. 복덩이 첫 딸 덕분에 노점상을 면하고 어엿한 점포주가 되어 있었습니다.

점포주에게 세 번 쫓겨나다

이사 후 3번째 장사로 식료품점을 시작했습니다. 식료품은 가게에 진열하고 가게 전면에 상자로 진열대를 만들어 과일도 골고루 구색을 맞춰 어엿한 모양새로 식료품 가게가 탄생되었습니다. 남편이 그곳에서 터를 닦은 곳이라 동 주민이 단골이 되었고 고향 같은 훈훈한 정이 넘치는 곳이었습니다. 마음도 안정되었고 장사도 그런대로 잘 되어 전세금 60만 원의 빚도 갚을 수 있었습니다.

그러나 계약 기간 1년이 되어 또 이사할 수밖에 없는 상황이 되었습니다. 옆에 식료품점이 있는 곳에 우리가 식료품점을 개업하니 그곳 단골 고객이 우리 고객이 되어 우리 가게는 눈에 박힌 가시가 되어 있었습니다.

그 가게에서 우리 가게를 없애는 방법은 우리가 세 들어 있는 건물을 매입해서 우리를 쫓아내는 것이었습니다. 어쩔 수 없이 우리는 또 이사를 해야 했습니다. 장사꾼들의 텃세는 어쩔 수 없었습니다. 저 역시 우리 가게 옆에 같은 업종이 오면 싫어했습니다. 현재의 상권은 같은 업종이 모여 있어야 상권이 상향되는 추세이지만, 그 당시에는 같은 업종이 주변에 오는 것을 경쟁했습니다.

이사할 무렵 첫째 아이에게 젖을 먹이며 젖몸살을 앓아 고생했습니다. 병원에서 수술로 젖가슴 염증을 도려내고 거즈로 심지를 밀어 넣으면 너무 아파 울음을 참지 못하고 큰 소리로 울었습니다. 젖몸살을 경험하지 않고는 실감할 수 없는 아픔이었습니다. 물론 아픔도 참기 어려웠지만, 가게를 쫓겨나야 하는 상황이 되어 더 크게 울었던 게 아니었나 싶습니다. 병원을 다니는 며칠 동안만 미뤄 달라고 애원했으나 그날로 비워야 했습니다. 이사한 곳은 또 낯설어 손님이 없었습니다. 장소는 좋은데 인맥이 전혀 없는 낯선 곳에 적응하기도 어렵고 고객이 없으니 물건은 또 재고가 되어 빚만 늘었습니다. 그 후 6개월 동안 무거운 빚을 짊어지고 버텨낼 힘이 없어 근심만 쌓였습니다. 쫓겨난 옆 가게에 점포가 임대로 나왔다는 소식에 다시 빚을 얻어 들어갔습니다. 그곳은 시댁도 가깝고 이웃들도 안면이 있어 위안이 되었습니다. 가게도 점점 나아지고 이웃과의 정도 들어 마음이 안정되었습니다. 그사이 둘째도 태어나 점포 안쪽에 방을 만들어 아이들을 키우며 장사의 수완도 조금씩 배우며 자리를 잡기 시작했습니다.

식료품점이 조금씩 나아질 무렵 제과점을 운영하는 남편 친구가 찾아왔습니다. 식품 가게는 너무 힘들어 보인다며, 본인이 조언할 테니 제과점을 해 보라며 권유했습니다. 마침 사거리 코너에 가게가 나와 제과점을 시작했습니다. 물론 자금은 또 빚을 냈습니다. 식품 가게는 안쪽에 방이 있어서 아이들 돌보며 그런 대로 편리했는데, 제과점은 방을 만들 수 있는 공간이 없어 방을 따로 얻어야 했습니다. 집이 가게와 떨어져 있으면 아이들이 남의 집에서 들락거리는 게 여간 힘 드는 게 아니라는 생각에 고민을 했습니다. 마침 제과점에서 가까운 방을 구하기 위해 부동산에 부탁하니 방만 구할 곳은 없고 단독 주택을 매매할 수 있는 곳은 있다고 했습니다. 제과점과 가깝고 조건이 양호하다는 직감이 들어 매입하고 싶었습니다. 경제적 여유가 없이 빚을 떠안고 제과점을 운영하는 입장에 집을 매입한다는 것은 그림의 떡이었지만, 아무리 생각해도 아이들이 남의 집 대문을 여닫고 다니는 것은 상상할 수 없는 일이었습니다. 궁리 끝에 안채를 전세로 놓고 방 하나만 우리가 쓰는 조건으로 은행융자를 신청해서 200만 원을 대출받아 안채는 150만 원에 전세를 주었습니다. 100만 원의 사채를 얻어 십 만원을 채워 집을 장만했습니다. 방 하나 얻을 돈도 없고 또 제과점 차리면서도 빚으로 저의 자본이 없었습니다. 하지만 아이들을 남의 집 대문을 여닫고 다니기 에는 너무 어린 3살, 5살이라 생각하며, 맨주먹으로 집을 구입하는 용기를 가졌습니다.

제과점은 시작하자마자 순조롭게 장사가 잘되어 빚을 갚아가며 생활할 수 있었고, 아이들은 이웃 친구들을 불러 가게와 집을 드나들며 잘 자라고 있었습니다. 마침 안채의 세입자도 아이가 있어 온 동네 아이들이 마음 놓고 장난치며 재미있게 노는 모습에 흐뭇했습니다.

운명의 장난은 또 찾아왔습니다. 이번에는 주변 제과점에서 우리가 세 들어 있는 제과점 건물을 매입하고 우리 가게를 또 쫓아내는 것이었습니다. 남편은 불안한 마음에 술에 취해오는 날이 많았습니다. 밤이면 잠을 못 이루고 날 새는 일도 잦아 건강도 악화되었습니다. 저 역시 걱정은 되지만 그래도 남편이 있는 곳에서는 걱정하지 말고 힘내자고 태연한 척 말했습니다. '호랑이에게 물려가도 정신만 차리면 살아날 수 있다.'라는 말을 믿고 힘내자고 하면, "이 상황에서 걱정을 안 하는 당신은 사람도 아니야. 그런 당신한테 무슨 말을 해야 할지 도무지 답이 없어."라며 이성을 잃은 것처럼 남편은 역정을 냈습니다.

"걱정한다고 해결될 일이라면, 나도 같이 땅이 꺼지도록 할 수 있지만, 이 일은 걱정한다고 해서 해결되는 것이 아니다. 해결될 일이라고 믿어야 된다며 걱정 안 하려고 노력하는 것이지, 나라고 마음이 편한 줄 아냐."며 큰소리로 당당하게 남편에게 맞섰습니다. 한

동안 걱정만 하던 남편은 사방팔방을 돌아다니며 알아보고 다녔으나 가진 돈이 턱없이 모자라 자리를 구할 수 없다고 포기한 상태로 지냈습니다. 1년의 계약 기간이 지나고 매입한 집주인도 이웃에서 또 쫓겨나가야 하는 젊은 우리가 안 되어 보였는지, 1년을 다시 연장해 주었습니다. 우리는 1년 동안 다시 제과점을 열심히 운영하며, 틈틈이 이사할 곳을 알아보았습니다. ○○고등학교 입구 새마을금고 대각선 코너 집이 매매로 나왔습니다. '우리가 가지고 있는 돈은 집을 팔아도 모자라 어떻게 해야 하나?'라고 걱정하며 은행에서 융자받고 사채를 동원해서 상가를 매입했습니다. 그때 세 들어 있는 점포에서 쫓겨나지 않았으면 아마도 우리 점포를 가질 수 없었을 것입니다. 쫓겨나는 시련을 겪어보지 않은 사람들은 이해하지 못 할 것입니다. 앞이 캄캄한 동굴을 헤매며 빛을 찾아내는 그 고통을 겪을 수 있게 해 주신 점포주에게 지금도 감사드립니다.

매입한 상가는 너무 낡아 점포를 하려면 증축을 해야 했습니다. 빚을 또 내서 2층으로 증축을 했습니다. 1층은 제과점을 하고 점포 하나 세를 놓고 2층은 살림을 하며 장사해서 빚 갚는 것을 낙으로 삼았습니다. 제과점은 날로 손님이 늘어 빚은 원금은 미루고 이자 갚으며 생활을 했습니다. 다행히 모든 식구가 건강해서 병원을 가는 일 없이, 절약 정신으로 아끼고 또 아끼며 장사해서 빚 갚는 운명이라 생각하고 즐거운 마음으로 살았습니다. 시련과 실패에 감사하며 장사의 기틀을 다졌습니다.

장사의 비결은 실패와 경험을 바탕으로 배우는 것이라 생각했습니다. 장사의 장 자도 모르는 상황에서 무조건 시작한 저는 많은 실패를 경험했습니다. 성격에 맞지 않는 장사였지만 오래 하다 보니 신용이 재산이라는 것을 알았습니다. 신용을 잘 지키며 계속하여 마음 건강, 몸 건강, 정신까지 건강한 부자가 되어 있었습니다.

동종업체의 시기와 질투로 점포주에게 내쫓길 때마다 위기라 생각했으나 그런 위기를 겪지 않았으면 성공의 기회를 잡지 못했다는 생각으로 그분들에게 감사드립니다. 삶의 과정에 대부분의 사람들이 위기와 기회를 경험하게 됩니다. 그때마다 삶의 위기를 극복하면 성공의 기회가 온다는 사실을 저의 경험을 강조하고 싶습니다. 위기는 기회입니다.

외가댁 가는 길의 추억

　어린 시절 외가댁을 자주 다녔던 기억이 납니다. 외조부모님 생신일은 온 마을 잔치하는 날이었습니다. 그 당시는 가난한 시대였기에 마을 잔치가 있으면 어른, 아이 할 것 없이 잔치집에 가면 맛있는 음식을 마음 놓고 배불리 먹을 수 있기 때문이었습니다.

　동장군이 온 마을에 내려오는 섣달 초아흐레 날이 외조부 생신이었습니다. 매년 그때는 일 년 중 가장 추운 날, 대한이 소한 집에 와서 얼어 죽었다는 소한을 전후해서 매년 가는 날이었습니다. 외갓집 가는 길은 높은 산 고개(장고개)를 넘어야 했습니다. 어머니는 동생을 업고 아버지는 선물 보따리를 지게에 짊어지고 오빠와 나는 뒤따라 다녔습니다. 집에서 가는 방향은 양지쪽이라 눈이 약간 녹아 있어 오르막길을 걸으며, 숨이 차게 올라가지만 길은 수월했습니다. 산마루에 오르면 저 멀리 외가댁이 보였고 잠시 쉬었다가 내리

막길 가기가 어려웠습니다.

겨우내 쌓인 눈은 응달진 곳에 더 많이 쌓여 내려가는 산길은 눈
이 푹푹 빠지고 길이 안 보였습니다. 아버지가 먼저 발을 내디뎌 길
을 만들고 그 발자국을 따라갔습니다. 손발이 시려 동동거리며, 콧
물은 얼어붙고, 숨을 내쉬는 수증기는 눈썹에서 서리가 되어 하얗게
매달렸습니다. 그렇게 고생하며 산길을 내려와 계곡을 건너 한동안
걸으면 이번에는 큰 개천을 건너고 산모퉁이를 돌고 돌아 외갓집에
도착했습니다. 외할머니와 외할아버지께서 "이렇게 추운 날 한번
쯤 안 와도 되련만 어린애들을 데리고 기어코 오느라 고생했다." 하
시며 "다음에는 눈이 쌓이면 제발 오지 마라."고 당부하셨습니다. 우
리들은 고생했다는 생각보다 기쁘고 즐겁기만 했고 그날이 기다려
졌습니다. 외가댁에 가면 언제나 이모, 외삼촌, 외숙모님이 반겨주
셨고 귀여워해 주셨습니다. 또 어머니가 맏딸이었고 외삼촌과 나이
차이가 많아 외사촌이 없어 우리들이 귀여움을 독차지했습니다.

다음날은 외조부님 생신으로 온 동네 남자 어른들이 아침식사
에 오셨고, 점심에는 할머니, 아주머니들이 어린 아이들을 데리고
오셔서 떡이며 맛있는 음식을 드셨습니다. 온종일 술상을 차리고,
안주에 닭고기, 꿩고기, 푸짐한 먹거리로 모두들 흥겨워하셨습니
다. 우리들은 할머니 할아버지 옆에 바싹 다가앉아 깨강정, 다식, 도

라지 정과로 간식을 먹으며 어른들의 귀여움을 독차지했습니다. 할머니는 우리들을 보시며 자랑하시기를 좋아하셨습니다. "남들은 외손주는 안 예쁘다고 하는데 나는 야들이 참말로 예뻐. 애들이 순하고 신통해서 어미를 귀찮게 안 하니 이보다 더 예쁠 수 없슈."라고 자랑하며 웃으셨습니다.

지금 생각하면 우리 부모님은 그 혹한의 험한 날씨에도 거르지 않고 매년, 어른들의 생신을 차려드리는 풍습을 효의 기본으로 지키셨습니다. 효도의 가르침을 말이 아닌 실천으로 보여주신 부모님들께 감사드립니다.

외할머니 생신은 한여름 음력칠월 이십오일이었습니다. 마찬가지로 할머니 생신도 꼭 찾아갔습니다. 여름에 가는 길은 지상 낙원이었습니다. 다양한 종류의 야생화가 곱게 피어 있었고, 수많은 종류의 예쁜 잠자리가 날아다니며 길을 안내했습니다. 풀벌레 소리와 매미들의 합창을 들으며 한발씩 다가가면, 방아깨비도 나타나, 그것을 잡으려고 살금살금 따라가면 펄쩍뛰어 달아났습니다. 곤충들도 여행객을 반기며 우리 주변을 따라다녔습니다. 잡으려면 날아가고 빨리 따라오라고 이야기했습니다. 고추잠자리는 우리 주위를 빙빙 돌고 춤추며 날아가 또 저만치 앞에 앉았습니다. 엄마는 그런 우리를 보고 "어서 빨리 가자. 세월아, 내월아 하고 가면 해지겠다." 하시며 재촉하셨습니다. 하지만 오빠와 저는 잠자리와 놀며, 방아깨비를 잡아 기다란 다리 두 개를 모아잡고 방아 찧는 모습을 보며 즐겁고 신이 났습니다. 곤충들과 놀면서 걷고 싶었습니다. 아빠는 지게를 짊어지고 앞에 가셨고, 엄마는 동생을 업고 뒤따라오시며 고개 마루에 가서 쉬어가자 하시며 재촉하셨습니다. 그래도 우리들은 천천히 놀며 가니까 "그럼 엄마는 너희들 떼어놓고 아빠하고 먼저 간다. 너희들만 떨어지면 호랑이 나타난다."고 겁을 주시며, 몇 발짝 걷는 척 하다 뒤돌아보고 또 재촉하셨습니다.

지금 생각하면, 네 살 때의 기억입니다. 그 후에도 오빠와 나는 동생과 함께 자주 외가댁을 다녔습니다. 그때마다 곤충을 친구삼아 잠자리와 숨바꼭질도 하고 앞으로 옆으로 뒷걸음질도 하면서 다니던 외가댁 가는 그 길은 놀이터이며 자연학습장이었습니다. 각양각색의 야생화의 꽃들이 만발하여 꿀벌도 식사하느라 얼굴을 꽃 속에 묻고 꿀을 빨고 윙윙거리며 다시 날아 다른 꽃 속을 찾아 부지런히 일하는 모습도 보았습니다. 사마귀도 풀잎에 숨어 있다 지나가는 여행객을 보고 눈을 반짝이며 날아갔고, 메뚜기는 잠자리 춤사위에 뛰어들었습니다. 산새들의 합창을 들으며, 산딸기, 보리수, 맹감도 따 먹었습니다. 과자나 사탕이 귀하던 그 시절은 그 맛이 꿀맛이었습니다.

가다가 덥고 힘들면 골짜기 옹달샘으로 갔습니다. 저는 반짝반짝 빛나고 매끈매끈한 맹감나뭇잎으로 컵을 만들어 물을 떠 마셨습니다. 오빠와 동생은 무릎을 꿇고 엉덩이는 하늘로 치켜 올려 엎드려 입을 대고 마셨습니다. 물은 꿀맛이었습니다. 맹감을 비롯한 나무열매도 따먹고 시원한 물로 허기진 배를 채우면 노래는 자연스레 나왔습니다. "깊은 산 속 옹달샘 누가 와서 먹나요, 새벽에 토끼가 눈 비비고 일어나 세수하러 왔다가 물만 먹고 가지요!"를 노래 부르고, "아 시원하다."고 이야기하면서 땀을 식혔습니다. 쉬엄쉬엄 놀면서 가면 외할머니, 외할아버지, 외삼촌, 이모, 온 가족이 반겨 주셨고 집에 오는 길은 할머니가 동생을 업고 고개까지 데려다 주셨습니다. "이제 여기서는 내려가는 길이니 동생 손잡고 잘 가야 한다. 할머니가 여기서 지켜볼게" 하시며, 우리들이 내려가는 모습을 지켜보셨습니다. 굽은 길로 돌아 보이지 않을 때까지 손을 흔들어 주시던 그 모습이 지금도 떠오릅니다. 어린 시절 외가댁 다니던 길은 유일한 추억의 여행길이었습니다. 강산이 일곱 번 변하는 동안, 산 밑을 돌고 돌아가는 자동차 길을 만들어 즐겁고 신나던 외갓집 여행길은 숲이 우거지고 산짐승들의 낙원이 되어 그 길을 다시 걸을 수 없게 되었습니다.

마음 깊숙이 자리 잡고, 추억으로 선명하게 나타나는 외갓집 가는 길은 굽은 길을 지나 작은 고개를 넘어 개울을 몇 번 건너면, 산 밑에 채전 밭이 나왔습니다. 그곳에서 오이도 따 먹고, 고추밭을 지나 잎이 우산처럼 크게 펼쳐진 담배밭, 키다리 호밀밭을 뒤로 하고 큰 바위, 작은 바위 자갈밭 옆에 흐르던 개울도 지났습니다. 개울 옆 작은 돌멩이 밑에 숨어 있는 가재를 잡아서 놀다 다시 놓아주면 쏜살같이 숨어 목숨을 구하는 모습도 지켜보았습니다. 가을이면 우수수 떨어진 알밤, 나무에 앙증맞게 다닥다닥 붙어 있는 돌감나무, 당산나무 아래에 흩어져 있는 음식, 큰 개울 돌다리, 산모퉁이 외진 곳에 자리 잡은 상여집도 볼 수 있었습니다. 상여집 옆을 지나갈 땐 몸이 오싹하고 무서운 느낌이 들어 빠른 걸음으로 지나갔습니다. 길가엔 고사리밭, 수리 취 등 각종 산나물이 지천이었고, 사방에서 들려오는 산새들의 사랑 노래도 들렸습니다. 꿩들의 메아리, 산비둘기, 딱따구리, 다람쥐 친구, 산토끼의 놀이터 등 동물도감 속의 놀이를 감상하며 걷던 외갓집 가는 길은 지금도 눈에 선합니다.

집에서 출발하여 외갓집 도착의 지도를 그려보며, 돌아오는 길은 동생을 업고 장 고개까지 마중하셨던 외할머니의 사랑이 밤하늘 반짝이는 별빛보다 더 많은 추억으로 남아 있습니다.

요즘 아이들의 외갓집 가는 길은 자동차길이기에 저의 추억 이야기가 먼 옛날이야기로 들리겠지만, 우리 시대를 같이 겪은 산촌 출신들은 아마도 대부분 겪은 일일 것입니다. 외갓집 가는 길 지도를 만들고, 행복했던 추억의 여행길을 다시 걷고 싶은 생각이 듭니다.

고개 마루에 서서 시원한 바람에 땀을 식히며, 외가댁을 바라보고 할머니하고 큰소리로 부르면 외할머니께서 반갑게 손을 흔들어 주실 것 같은 착각에 할머니를 불러봅니다. 어느새 저 자신이 외할머니 자리에 서 있는 것을 발견했습니다. 세월의 빠름을 실감하며 100세 시대 주역의 모범으로 '인생의 후배들에게 무엇을 남겨야 할까?'라는 질문을 해 봅니다. 그 질문의 답은 '배움을 사랑으로 나누는 일에 앞장서야 한다.'는 것이었습니다.

예쁜 치매와 나의 큰 동서

　시댁 형님은 저와 13년 터울의 나이로 동서가 아닌 친정어머니 같은 존재였습니다. 농사일과 가사 일을 돕던 시골 생활을 뒤로하고 경술년(1970) 23세의 새색시로 형님을 만났습니다. 결혼과 동시에 우리는 한집에서 1년을 지냈습니다. 시누이도 시동생도 없이 형님과 나 단. 그 시대에는 보통 형제들이 많았지만, 어머님이 자식들을 많이 잃으시고 홀몸으로 형제만 간신히 키우셨다고 했습니다. 형님은 저에게 우리밖에 아무도 없으니 서로 의지하고 잘 지내야 한다며 도시 생활을 모르는 저를 가르쳐 주시고 이끌어 주셨습니다. 우리가 분가해서 살아도 한집에 있는 것처럼, 저를 보살펴주셨습니다. 형님은 언제나 인자하시고 훌륭한 분이셨습니다. 막내 조카가 네 살 때 우리 첫째 아이를 출산해서 저는 첫째 아이에게 모유만 먹였고 키우는 것은 시어머니와 형님이 도맡아 주셨습니다. 모유 먹을 시간을 맞춰 기저귀를 갈아 채워서 보내시고 아기의 빨래를 도맡아 하시며 정성으로 키워 주셨습니다. 저와 남편 사이에 불화가 생기면 언제나 제 편을 들어 주시며 철없는 저를 달래 주셨습니다. 남편과 함께 상업을 하며 내성적 성격으로 고객을 대할 줄 몰라 남편의 꾸중을 자주 들었습니다. 꾸중을 듣고 감정을 다스릴 줄 모르고 남편이 무심하다며 의견충돌이 자주 발생했고, 그때마다 형님께 하소연했습니다.

그렇게 우울해하고 있는 저에게 형님은 언제나 천사 같은 마음으로 달래주셨습니다. "이봐! 동서 내 말 들어봐. 남자들은 다 똑같아. 하지만 버릴 수도 없고 어쩌겠는가. 우리가 참아야지. 참고 싶어 참는 게 아니라, 애들 아빠니까 할 수 없이 우리가 참아야 해. 여자들은 남편 없이 얼마든지 잘 살아갈 수 있지만, 애들한테는 아빠가 없으면 안 되니까. 내 남편이 아니고 애들 아빠다 생각하고 자네가 참으면 어떨까? 잘 생각해보고 자네가 참아봐. 그렇게 생각하고 여자들이 살아가다 보면 나중에 애들이 다 커서 떠날 거야. 그때는 괜찮아진다고 어른들이 말씀하셨거든. 그러니 너무 속 끓이지 말고 내버려 둬." 하시며 저를 달래주시던 우리 형님, 엄마처럼 의지했던 우리형님이 세월을 못 이겨 암으로 십여 년 고생하시더니, 예쁜 치매를 앓으시며 병원에 계셨습니다. 가끔 형님을 만나 말벗을 해 드렸고 같은 병실에 계신 어르신들도 뵙게 되었습니다. 형님을 수년 동안 찾아뵈니, 옆에 어르신들도 저를 반기셨습니다. 동서 간의 우애가 돈독해 보기에 흐뭇하다고 부러워하셨습니다. 형님이 그동안은 암으로 고생하셨고 그 후 치매진단을 받으셨습니다. 병명이 예쁜 치매로 언뜻 보기에는 전혀 모를 정도였습니다. 제가 가면 무척 기뻐하시며, "바쁜데 뭐 하러 자주 오는가? 나는 이렇게 병원에서 주는 밥 잘 먹고 편하게 있으니 자주 안 와도 되는데." 하시며 언제나 저에게 정을 주시는 것이었습니다. 우리는 시누이도 없고 오로지 형님과 저뿐인데, "형님, 오래오래 사셔야 해요." 하며, 옆에 계신 환자분들과 간병선생님들의 부러움을 받으며 동서 간의 정을 나누었습니다.

형님은 저에게 동서가 아닌 친정엄마였습니다. 형님은 저를 친동생처럼 대해 주시며 50여 년을 서로 위하며 살아왔습니다. 그렇게 병원에 오래 계시니 마음이 너무 아팠습니다. 형님은 다행히 통증도 못 느끼셨고, "답답하다, 누구 보고 싶다."라는 말씀도 안 하셨습니다. 집안 걱정도 없이, 누구에게나 항상 즐겁고 반갑게 맞아주시며, 과거의 기억을 되찾아 이야기를 잘 하셔서 친구분들이 오시면, 치매라는 사실을 전혀 눈치채지 못할 정도로 평소와 다름없이 생활하셨습니다. 요양 선생님의 말을 빌리면 가족이나 친구가 와도 그 당시엔 아무렇지 않게 정상인 듯하지만, 방문객이 다녀간 후에 누가 다녀갔는지 여쭤보면 모른다고 하시며 금방 잊으신다고 합니다. 이 내용을 우리한테 말해주면 그 자리에서 형님은 "내가 그렇게 말한 적 없는데" 하시며 늘 웃어 넘기셨습니다. 예쁜 치매의 증상으로 가족들도 모두 본인이 잘 견디며 즐겁게 지내시니 다행이라고 말씀하셨습니다.

간병 선생님의 보호를 잘 받고 계셨습니다. 1남 4녀의 딸부자로 자녀들의 극진한 효도에 병실의 부러움을 독차지하셨으니, 다행이라 생각했습니다. 오히려 제 걱정을 하시며, "자네도 이제 나이 들어가니 건강 잘 챙기고 먹을 것도 맛있는 것, 좋은 음식으로 잘 챙겨 먹게. 다른 사람 챙기지 말고. 젊어서 고생했으니, 이제는 자네를 위해서 살아야 하네." 하시며 위로해 주시는 형님이셨습니다.

"저는 아직도 형님의 철없는 동서입니다. 형님 오래오래 더 사셔야 해요." 옆에 계신 어르신들은 우리를 지켜보시며 자식들도 자주 교대로 찾아오는데, 동서도 자주 온다며 부러워하셨습니다. 형님은 온 마을 어려운 사람들 거두시더니 복 받으시고, 자녀들의 효도를 받으시며, 통증도 모르고, 지루하고 답답함을 잊으신 채, 행복한 기억만 간직하고 편안하게 계셔서, 불행 중 다행으로 예쁜 치매의 경험을 지켜보았습니다.

암 투병을 시작으로 병원 입원을 거쳐 암 발병 18년 만인 2020년 여름, 저의 형님은 예쁜 치매의 웃음을 보여주시며 편안한 모습으로 89세에 우리 곁을 떠나셨습니다. 형님의 훌륭하신 인품, 인자하신 그 모습, 형님과의 다정했던 시절로 다시 갈 수 없는 슬픔에 한없이 눈물이 앞을 가렸습니다.

어머니처럼 품어주시던 사랑하는 나의 형님!! 형님과의 추억들을 저는 지울 수가 없어요. 영원히 간직하며, 위로받고 싶습니다. 제가 철없이 울고 있을 때, 형님은 언제나 저의 지원군이었습니다. 형님! 저는 형님의 도움이 없었다면, 아마 현재의 행복도 없었을 것입니다.

제가 힘들 때마다 달래 주던 형님의 그 말씀, "이봐! 동서 내 말 들어봐! 남자들은 다 똑같아! 하지만 버릴 수도 없고 어쩌겠는가. 남편 없이는 살아도 애들 아버지는 없으면 안 되잖아. 내 남편이 아니고, 우리 아이들 아버지다 생각하면 되는 거야." 오늘도 그때 하셨던 말씀이 생각납니다. 언제나 제 편이 되어 준 형님의 그 모습을 찾고 또 찾아도 보이지 않네요. 형님 그동안 저에게 베풀어 주신 은혜 갚을 길이 없습니다.

"형님 감사합니다." 이 한마디로 그 끝없는 형님의 크신 사랑을 대신 합니다. 만나는 날까지 안녕히 계세요.

자격증의 사용처

한식조리기능사(2000.04.14./한국산업인력공단).

조리기능사 자격증을 취득해야 하는 의무는 없지만, 자격증이라는 호기심에 도전하고 싶었습니다. 음식 만들기는 우리 세대의 여자들은 선택이 아닌 필수로 어느 집 음식 맛이 좋은지, 그 집 딸, 며느리, 누구의 아내, 누구의 엄마로 불리며 음식 맛있다 하면 소문이 나는 것입니다. 어릴 때부터 엄마의 집안일을 도왔습니다. 어머니는 여자는 음식을 잘하고 바느질을 잘 해야 시집을 잘 가는 것이라고 말씀하시며 집안일을 저에게 가르쳐 주셨습니다. 지금 생각해도 제가 하고 싶은 것보다 부모님이 시키는 대로 따르는 착한 아이였다는 생각이 듭니다. 왜 제 생각을 주장하지 않고 바보처럼 착한 아이로만 살았는지 생각하면 후회가 됩니다.

아이는 아이답게, 자기가 하고 싶은 대로 해야 한다는 것을 너무 늦게 알았습니다. 그 후 아이들이 울고 떼쓰는 아이를 보면, 더 귀엽고 예쁘다는 생각이 들었습니다. 다시 어린 시절이 온다면, 그렇게 살아보고 싶은 마음이 마음속에 있다는 증거이겠죠?

어릴 때부터 어머니께 배운 솜씨로 음식이 맛있다는 칭찬을 많이 받았습니다. 마을 어르신들의 칭찬을 들으며, 칭찬받기 위해 더 맛있게 하고 싶은 욕망을 가졌던 것입니다. 그렇게 음식을 잘 한다는 자부심을 갖게 되었습니다. 하지만 결혼해서 시댁 식구들의 식사를 준비하며, 제가 만든 음식의 맛이 미흡한 것을 알았습니다. 큰 동서와 같이 식사 준비를 하다보면 형님 음식은 정말 감미롭고 맛이 있었습니다. 시댁에서 지내는 동안은 형님의 음식 솜씨를 배우며 지냈습니다. 음식을 잘 한다고 믿었던 지난날이 부끄럽습니다. 분가해서 신혼 생활을 즐기며 정성을 다해 밥상을 차려도 선비 타입의 남편은 맛이 없다고 짜증을 냈습니다. 하루 이틀이 아니고 매 끼니마다 투정하는 것을 지켜보며, 쥐구멍을 찾고 싶을 정도로 미안한 마음에 자존감이 떨어졌습니다. 음식 맛은 정성과 솜씨도 중요하지만, 지역적 문화특성을 살려야 한다는 사실을 알게 되었습니다. 저는 충청도 음식문화를 익혔고 남편은 어머니와 형수의 음식 맛에 익숙해 있었기에, 제가 만든 음식이 식성에 맞지 않아 늘 불평했던 것이었습니다.

어떻게 만들어야 남편의 입맛을 맞출까 고민했습니다. 처녀 시절 칭찬받은 것은 물거품이 되었고 '내가 만든 음식이 왜 맛이 없을까?'라는 질문을 했습니다. 계속 맛을 봐도 제 입맛에는 만족했습니다. 어른들은 배고픔의 비유를 뱃속에 거지가 들었나! "먹고 돌아서면 금방 배가 고프다."라고 하시며 "시장이 반찬이다."라고 맛있게 잘 먹는 표현을 말씀하셨습니다. 음식은 정성도 중요하지만 배고프면 맛이 있다고 생각한 것입니다. 식성이 좋으면 투정도 적었습니다. 저의 식성은 부모님의 유전자를 받아 모든 음식을 맛있게 잘 먹었습니다. 하지만 남편의 입맛을 맞추려면 음식 하는 것을 더 배워야 한다는 생각은 하지 않고, 미운 감정만 솟아올라 때만 되면 가슴을 조였습니다. 식성이 까다로운 남편은 형수한테 배우라는 말만 되풀이했습니다. 형수의 음식 맛에 길들여진 남편의 투정을 이해하기까지는 강산이 몇 번이나 지나야 했습니다.

지역 특성에 입맛이 길들여진 남편의 미각 욕구를 이해할 수 있었습니다. 친정 동생들은 누나 음식이 제일 맛있다며, 저의 자존감을 찾아주었습니다. 삶의 환경에서 입맛도 길들여지기에 어쩔 수 없는 것이었습니다. 음식을 까다롭게 타박하면 본인의 고통입니다. 식욕도 태어나는 순간부터 타고나는 것 같습니다. 지금도 모든 음식이 제 입에는 달고 맛있습니다. 덕분에 특별히 좋은 것을 고르지 않고 골고루 잘 섭취하여 병원 신세 없이 건강한 체력을 유지하고 있습니다.

식성이 까다로운 남편은 몸이 약하고 늘 피곤해했습니다. 남편의 입맛을 맞추어야 하는 부담도 차츰 줄어들고, 식솔이 늘어 매일 많은 양을 조리하여 여럿이 먹는 음식은 맛도 살아났습니다.

생업의 현장에서 의무적으로 요리를 담당하며 가족들과 직원들의 식사를 담당했습니다. 한 달에 쌀 한 가마(80Kg)가 모자랄 정도로 음식을 조리하면 모두 맛있게 비워냈습니다. 매 끼니마다 새 메뉴를 선택하고 여럿이 먹는 식사는 수저 젓가락이 오르내리는 이미지도 가미되어 더욱 맛있게 느껴졌습니다. 하지만 남편의 입맛을 채우기는 부족했습니다. 마침 이웃의 동 주민 센터에 한식요리 자격증반이 개설되었다는 소식을 듣고 우리 마을에서는 진행되지 않아 경쟁도 쟁쟁해 늦을 세라 서둘러 등록하고 배우기 시작했습니다.

조리실이 현대식으로 갖춰진 시설에서 쓰임새가 각기 다른 조리기구들이 제자리에서 잘 정돈되어 주인을 기다리고 있습니다. 자격증 취득을 위주로 가르치는 학원은 고가의 수강료를 지불해야 하는데 주민 센터에서 실비로 배울 수 있는 행운을 얻었습니다. 배우는 과정은 새로운 경험으로 각 팀별로 평가를 받으며, 식자재 쟁탈전을 시작으로 누구는 칼질을 날렵하게, 누구는 계량스푼을 정확히, 볶음을 하면서도 리듬을 타듯이, 빠른 손놀림들, 팀원들의 단합된 모습을 보였습니다. 배움의 시간이 즐겁고, 선생님의 지시에 따라 팀원들의 눈빛은 어디에서나 빛이 났습니다.

음식 만들기를 배운다는 것에 감사했습니다. 기존의 자신의 방식을 접목하고 보완하는 것에 만족하지 않고 시대의 흐름에 따라야 한다는 것을 의식해서 응용하고 새로운 메뉴에 적극적으로 관심을 가져 시험에 대비하는 자세로 배웠습니다.

어느덧 3개월의 과정이 끝나고 26명이 배우고 그중에 19명이 시험에 도전했습니다. 한국산업인력공단에서 주관하는 한식조리기능사 자격증 시험이었습니다. 새벽 일찍 일어나 수험표, 신분증, 도구를 껴안고 시험장에 도착해서, 떨리는 마음을 진정시켰습니다. 부여된 과제는 화양적, 섭산적, 배숙이었습니다. 정해진 시간을 맞추기 위해 무엇을 먼저 해야 하는지 순서를 정해 침착하게 준비했습니다. 먼저 섭산적 고기를 손질하고, 화양적 고기는 오이, 당근, 도라지, 계란부침보다 길게 준비했습니다. 고기는 익으면 짧아지니, 차례대로 색을 맞춰 꼬지에 꿰어 화력을 조정하며 타지 않고 예쁘게 지졌습니다. 잣가루로 장식하고, 섭산적도 양념해서 익혀놓고 한 김 식혀서 같은 크기로 썰어 예쁘게 담았습니다. 배숙도 중간화력으로 졸여 후추알갱이로 눈을 박아 예쁘게 담아냈습니다.

종료 시간에 맞춰 마무리해 놓고, 시험관의 심사를 지켜보는 과정이 더 지루했습니다. 당락을 발표하는 날까지 기다리며 초조한 시간은 계속 이어지고, 마침내 합격했다는 소식을 선생님께 들었습니다. 합격의 황홀했던 기쁨을 경험했기에 수험생들의 고통이 얼마나 스트레스를 받는지 알 수 있었습니다. 식성이 유별난 남편의 입맛 덕분에 배움의 기회에 도전하고, 합격까지 했던 것입니다.

기존 방식대로 해도 손맛이 좋아야 맛있다고 하시는 어른들의 말을 믿고 배움을 선택하지 않았으면, 한식조리기능사 자격증을 취득하지 못 했을 것입니다. 배워야 한다는 확신이 있었기에 국가자격증 1호를 취득했습니다. 언제나 배워야 한다는 욕망을 위해 도전하는 것은 정신력과 실천을 행동으로 옮기는 습관이 있었기에 가능했던 것입니다. 한식조리기능사 자격증을 취득하고 학교급식조리사와 출장뷔페사업을 거쳐 꿈에 그렸던 웨딩홀 사업까지 할 수 있었습니다. 남편의 입맛을 맞추기 위해 한식조리사자격증에 도전했던 배움의 의욕으로 사업을 하리라고는 꿈에도 생각하지 않았으나 연결의 고리가 모두 이어졌다는 사실에 우주 만능의 조화에 순응하게 된다는 것을 배우게 되었습니다.

요양보호사 자격증

요양보호사 자격증(서울특별시장/2015.05.21.).

2008년 노인 장기 요양보험이 제정되어 고령화 시대의 사회정책으로 요양보호사 양성교육이 시작되었습니다. 주변에서 요양보호 실습을 받으면 요양보호사 자격증을 받고 새로운 직업전선에 뛰어들 수 있다는 소문이 확산되어 실습을 받고 자격취득을 하는 사람들이 많았습니다. 그러나 저에게는 해당되지 않는다는 생각으로 무관심했습니다. 요양원, 재가복지센터가 늘어나고 요양보호사의 필요성이 급증하는 사회에 사회복지학을 공부하기 시작했습니다. 사회복지는 요양보호사 자격증이 필요하다는 생각을 하고, 그때 무관심했던 자신을 원망했습니다. 배움이 미비했던 자신을 원망하며, 이제라도 배워야 한다는 것을 깨닫고 학원에 등록했습니다. 실습이 아닌 정식 교육을 받아야 했기에 시간과 비용을 투자해야 했습니다.

학원에는 각지에서 모여든 교육생들이 주·야간 반으로 나뉘어 교육을 받았습니다. 남성 다섯 명을 합해 26명이 한 반이 되어 하루 8시간씩 1개월을 배웠습니다. 처음에 시작했으면 일주일 실습으로 자격증을 취득할 수 있었는데, 정식 교육으로 자격 조건이 바뀌어 시간과 비용을 지출하며 고생을 한다고 모두들 쓴소리를 하며 교육을 받았습니다.

'요양보호 업무의 목적으로 65세 이상 노인 또는 노인성 질병을 가진 65세 미만인 자에게 계획적인 전문적 요양보호 서비스를 제공하여 장기요양 대상자들의 신체기능 증진 및 삶의 질 향상에 기여하는 것'을 배우는 과정이었습니다.

요양보호 업무가 대상자에게 실질적인 도움이 되기 위해서는 인간의 욕구에 대한 기본적인 이해가 필요합니다. 인간의 욕구는 생리적 욕구, 안전의 욕구, 사랑의 욕구, 자아존중의 욕구, 자아실현의 욕구가 있습니다.

그중에 하위욕구가 충족되어야 상위욕구가 충족된다고 메슬로우는 말했습니다. 요양보호사는 대상자의 삶의 욕구들을 충족시키는 교육도 받아야 했습니다. 매슬로우(A.Maslow)는 인간의 욕구를 5단계로 분류했습니다. 그중 기본적 욕구인 음식, 물, 사랑과 안전은 생존과 건강에 필수적이라고 말합니다. 또한 하위 단계의 욕구들이 어느 정도 충족되었을 때 비로소 다음 단계의 욕구를 위해 행동하게 된다고 보았습니다. 즉, '요양보호사가 서비스를 제공할 때도 가장 기본이 되는 아래 단계의 욕구부터 도와주어야 한다.'는 기본원칙을 배우고 대상자의 삶을 존중하며, 대상자가 자립생활을 할 수 있도록 가지고 있는 능력을 최대한 활용하면서 서비스를 제공하는 것, 대상자의 개인 정보, 사생활 보호, 자유로운 의사표현을 보장해주어야 합니다. 요양보호사가 제공하는 모든 서비스는 대상자에게만 제한하여 제공해야 한다"고 했습니다. 서비스의 내용은 신체활동 서비스, 정서지원 서비스, 개인 활동 지원, 일상생활 지원 서비이었습니다. 대상자로부터 서비스에 대한 물질적 보상을 받으면 안 되며, 대상자와 상호 대등한 관계임을 인식하는 교육을 10일간의 현장실습으로 익혔습니다. 현장실습은 요양원에 출근해서 선생님들과 함께하며 어른들을 보살피는 것을 체험하며 배웠습니다.

교육 과정을 마치고 한국보건의료인국가시험원에 2015년도 제15회 요양보호사 자격시험에 접수했습니다. 응시번호는 350103273, 응시지역은 서울이었습니다. 시험일에 엄격한 감독관의 지시를 받으며, 그동안 열심히 배웠던 것을 발휘했습니다. 시험은 언제나 두려움의 연속이라 생각했습니다. 열심히 배운 만큼 성과가 있어 합격의 영광을 받았습니다.

2015년 5월 21일에 「노인복지법」 제 39조의 2제 2항 및 제3항에 따른 요양보호사 자격이 있음을 인정합니다.'라고 적힌 서울특별시장의 요양보호사 자격증을 받았습니다. 배움의 도전은 끝이 없다는 자신감도 덤으로 얻었습니다. 이 책을 읽는 독자들에게도 배움은 끝이 없고 은퇴 후에도 얼마든지 삶의 현장으로 진출할 수 있는 기회가 얼마든지 열려 있는 요양보호사자격증의 유용함을 전하고 싶습니다.

배움을 갈망하던 지난 세월을 후회하지 말고, 지금 바로 행동하면 못할 것이 없다는 사실을 자랑하고 싶었습니다. 덧없이 흘려보낸 시간을 반성하는 차원에서 '늦었다고 생각하는 지금이 제일 빠르다.'라는 것을 실천하여 67세의 나이에 요양보호사 자격증을 취득했습니다. 남편 병간호를 하며, 수입도 가졌습니다. 배움으로 얻은 자격증을 볼 때마다 행복했고, 자격증의 수가 늘어날수록 어느덧 마음의 부자가 되어 있었습니다.

자전거 동호회

저의 취미생활 1호는 자전거 동호회 활동입니다. 갱년기에 접어들어 관절통이 왔고 마음도 우울해지기 시작하여 새벽에 뒷산에 오르기 시작했습니다. 매일 같은 시간에 산 정상에서 사람들을 만나 이야기를 하던 중 자전거 동호회에 대한 소식을 들었습니다. "순호 언니, 내가 새로운 소식 전해 줄게. 언니는 자전거 잘 타니까 길마공원에 오늘 나가 보세요. 10시에 자전거 동호회 창립한다고 플랜카드 걸려 있었어요. 꼭 나가봐요. 선물도 준다고 해요. 선물도 받고 동호회 가입하고 자전거 같이 타면 좋을 것 같아요. 나는 가고 싶어도 자전거 탈 줄 몰라서 못 가는데 언니는 자전거 타니까 얼마나 좋아요. 언니, 시간 맞춰 꼭 가세요." 그 이야기를 듣고 너무 좋아서 산에서 내려와 서둘러서 가족들과 아침식사를 마쳤습니다. 남편에게 이야기를 하고 자녀들이 타던 자전거를 가지고 길마공원으로 갔습니다.

그날은 1998년 4월 18일 토요일이었습니다. '은맥 자전거 동호회 회원 모집'이라는 플랜카드가 놀이터 입구에 걸려 있고, 사람들도 많이 모여 있었습니다. 잠시 후 이재오 국회의원님의 축사가 시작되었습니다.

"이 자리에 모이신 여러분 축하합니다. 오늘 은맥자전거 동호회를 창립하여 앞으로 일주일에 한 번씩 이 자리에 모여 준비운동을 마치고 동네 한 바퀴를 돌아 이곳에서 해산하도록 하겠습니다. 자전거를 타면 건강뿐 아니라 1석 5조의 효과가 있습니다. 첫째, 우리 몸 건강에 유익합니다. 둘째, 교통비가 절감됩니다. 셋째, 환경을 살립니다. 넷째, 가정이 화목해집니다. 다섯째, 애국자가 됩니다."

의원님의 이야기를 요약하자면 이렇습니다. 우리나라에서 석유 한 방울 생산할 수 없는데, 자동차나 오토바이는 수입해 온 기름에 의존해야 하나, 자전거는 기름 한 방울 들이지 않습니다. 두 발을 움직여 운동 시간을 별도로 들이지 않아도 우리 몸이 건강해지니 가정의 평화를 지켜줍니다. 가족이 함께 자전거를 타고 즐기면 가정이 화목해지고, 병원이나 약에 의존하지 않아도 되니 국익에 도움을 줍니다.

"근거리 출퇴근길에 자전거 이용은 더욱 효과적이지요. 교통비도 절약되고, 시간을 잘 지킬 수 있으며 출퇴근만으로도 운동 효과를 볼 수 있죠. 그뿐만 아니라 환경을 살릴 수 있습니다. 환경 살리기는 빠를수록 좋아요. 자동차가 많아져 환경문제가 심각한 문제로 제기되고 있습니다. 저는 국회의원으로서 우리 지역에서만이라도 자동차 이용을 하지 않기로 결심하고 자전거로 지역현황을 살피고 있습니다. 여러분 제가 은평구에서 자가용으로 이동하는 것을 보신 적 있으신가요? 제가 국회의원이 되어 지역에서 자가용을 이용하지 않았기에 여러분 앞에서 자신 있게 말할 수 있습니다. 이제는 저 혼자만의 힘이 아닌 우리 구민 모두가 환경 살리기에 앞장 서 주시기를 바라는 마음에서 오늘 자전거타기 동호회를 결성하기로 했습니다. 여러분, 우리 다함께 힘을 모아 환경 살리기에 앞장 설 수 있도록 자전거 동호회를 결성합니다. 우리나라 전 국민이 자전거를 사랑하고 취미와 건강을 함께 누릴 수 있는 자전거타기 홍보 대사가 됩시다. 여러분 저는 자전거로 국회에 출퇴근하고 있습니다. 자전거로 출퇴근하는 1호 국회의원입니다. 국회에서도 우리 국민들이 자전거 타기를 생활화하도록 계속 발의하고 있습니다. 우리나라에서 자전거 타기가 활성화되어 있는 곳은 경상북도 상주입니다. 상주시는 자전거 이용이 생활화되어 있습니다. 상주시처럼 우리도 열심히 자전거 타기에 앞장서고 홍보해서 전 국민이 함께 동참할 수 있도록 큰 꿈을 가집시다. 이 자리에 모이신 여러분 다음 주에는 꼭 가족들과 함께 참석하셔서 건강도 지키시고 환경 운동에 적극 참여하시기 바랍니다. 감사합니다."

의원님의 축사가 끝나고, '은맥자전거 동호회 창립기념 1998년 4월 18일'이라고 적힌 수건을 선물로 받았습니다. 동호회 창립식을 구경하던 사람들은 자전거를 가지고 나온 17명(남자 7명, 여자 5명, 학생 5명)을 부러운 눈초리로 바라보며, 다음 주에 함께하겠다며 손을 흔들어 주었습니다. 우리는 천천히 선두를 따라 골목을 누비며 창립일 행사 라이딩을 즐겼습니다.

그 후 동호회 활동으로 학생들은 자원봉사 시간을 받았고, 가족이 함께 즐기는 팀이 많아졌습니다. 활동 반경을 점점 넓혀 은평구뿐만 아니라 타 구에도 다니며 홍보를 했습니다. 한강을 기점으로 자전거 인구가 폭발적으로 증가되어 자전거 행사장마다 참석하며 서로 축하해 주었습니다.

가입하고 있는 동호회 모두 소중하지만, 그 중에 자전거 동호회는 정말 소중한 추억의 보물 창고입니다. 20여 년 동안의 파노라마가 길게 펼쳐져 있기 때문입니다.

매년 분기별로 자전거 장거리 여행을 다니고, 연말 송년회 행사와 불우 이웃돕기, 수해지역 봉사활동을 다녔습니다. 봉사활동 중에서 2007년 12월 중순 태안 기름유출사고 현장에 참석한 날은 잊을 수가 없습니다. 바닷가 돌에 까맣게 묻은 기름때를 닦아 낸 기억이 아직도 생생합니다. 추위에 떨며 봉사하는 봉사자를 위해, 주민들은 모닥불을 피워 주었고 따뜻한 라면으로 식사를 대접해 주었습니다. 주민들이 "고맙습니다! 감사합니다!"라고 계속 말씀하시던 그 모습, 전국에서 모여든 차량이 꼬리에 꼬리를 물고 태안 앞바다 도로를 촘촘히 메웠던 관광버스의 진풍경은 국민들의 단합된 모습으로 우리나라 위상을 세계에 알리는 큰 사건이었습니다.

20년간 자전거를 타며 즐겼던 많은 행사장과 전국 방방곡곡 제주도, 울릉도, 청산도, 연평도, 흑산도, 거제도, 소록도, 백두산, 4대강 인증 샷, 아라뱃길, 강원도 고성에서 판문점, 중국, 일본, 유럽 등 (유럽, 일본은 불참)에서 가진 추억은 고스란히 기억 속에 남아 있습니다. 17명으로 시작했던 자전거 동호회 회원들이 입회와 탈퇴를 거듭하며 거쳐 간 회원은 200여 명입니다. 현재까지 50여명이 꾸준히 활동하고 있습니다. 2020년 원주로 이사 후 고속버스에 자전거를 싣고 동호회 참석도 했는데, 하반기부터 코로나에 두 바퀴 동호회 장거리 활동이 중단되어 몹시 아쉽습니다.

한번 시작하면 끝까지 하는 저의 성격도 코로나19의 상황에 어쩔 수 없었습니다. 일상이 회복되는 대로 자전거 동호회 회원들과 함께할 생각입니다. 7학년 중반의 나이에 동호회를 함께할 수 있는 건강한 체력이 있어 감사합니다. 창립식부터 함께한 친구들이 건강을 이유로 탈퇴하면서, 건강한 저를 부러워하고 있습니다. 갱년기를 극복하기 위해 시작한 산악회와 자전거 동호회를 지금까지 활동하고 있는 저 자신을 칭찬합니다. 20여 년이 넘도록 한 우물을 파고 살아가는 제 자신을 돌아보는 이 시간을 어떻게 정의를 내려야 하는지 의문이 생겼습니다. 왜 혼란스러워지는 것일까요? 아직은 더 알아보는 시간이 필요했습니다. 앞으로 더 배워야 할 것이 너무 많이 남아 있기 때문이라는 생각이 들었습니다.

자전거 동호회 창립멤버 17명 중 지금까지 활동하고 있는 회원은 김사선 전 회장님, 이재백 회장님, 저 이렇게 3명입니다. 많은 회원님들한테 '선배님'이라는 호칭을 듣고 있습니다. 처음에는 그 호칭이 어색했는데, 이제는 자연스럽게 귀에 익숙합니다. 특히나 김사선 전 회장님께서는 연로하신데도 "순호 씨, 순호 씨" 하시며 언제나 반갑게 맞아주시고 많은 소식을 전해주셔서 늘 존경합니다. 이재백 회장님 역시 저에게 잘 대해 주시며, "우리 동호회 창립 멤버이신 유순호 씨, 정말 존경합니다."라고 자랑을 자주 하십니다. 말의 습관도 행동의 습관 못지않게 무섭다는 생각이 듭니다. 좋은 일은 습관이 되도록 무한한 반복을 해야 한다는 것을 여기에서 또 배웠습니다. '유일한 취미 활동인 자전거 여행을 마음껏 즐길 수 있는 그날이 빨리 와야 할 텐데.'라는 생각을 하며, 많은 회원들과 안전하게 만날 수 있는 그날을 기다립니다.

효도관광 고향 방문 1999년 7월 16일

효도관광이 유행이던 1990년대 가정의 달이 오면 자녀들은 부모님 해외여행 보내드리는 게 유행이었습니다. 너도 나도 계획을 세웠고 효도관광 상품을 구매했습니다. 부모님과 동행하는 자녀도 많았지만, 여행사 패키지 상품으로 부모님만 보내드리는 상품이었습니다. 부모님의 은혜에 보답하기 위한 상품이다 보니, 효도관광을 다녀오신 분들은 비행기를 타고 다녀온 여행의 추억을 서로 자랑하셨고, 가지 못 한 분들은 다녀오신 분들을 부러워하셨습니다.

자녀들은 자녀들대로 효도했다는 만족감을 느끼고, 못 보내드린 자녀들은 부모님 비행기 한 번 태워드리지 못한 죄책감에 경제적 상황이 좋아지면 다음에 꼭 보내드려야 한다는 책임감을 갖게 되는 시기였습니다. 저 역시 돌아가신 부모님께 죄송한 마음이 들었습니다.

그 당시 저는 고향 친구들 모임에 총무를 맡고 있었습니다. 저는 13세에 고향을 떠났고, 친구들은 각자 공순이, 식모살이, 결혼을 핑계로 각각 헤어져 연락이 끊겼습니다. 보고 싶어도 만날 수 있는 방법이 없었는데, 어느 날 갑자기 연락이 왔습니다. "야! 너 순호 맞지? 나 재순이야. 내가 경동시장에서 승순이 오빠를 만나서 얼마나 반가운지, 눈물이 나서 한참을 울고 승순이 연락처를 알았어. 또 오빠 친구들, 언니들, 고향 사람들 연락처도 알아냈고 승순이하고 승희에게 연락했어. 오빠 친구들 수소문해서 너한테도 이렇게 연락이 되었고, 우리 친구들 8명 다 찾았어. 그러니까 효창동 승순이네서 만나기로 했으니 우리 한번 만나자. 야~ 그동안 얼마나 보고 싶었는지 하루도 친구들 생각 안 한 날이 없었는데 이제 한을 풀었다. 그래 만나서 우리 실컷 얘기하자." 친구의 연락을 받고 알아보니, 같은 구에 사는 친구가 한 명도 없었습니다. 안산, 강남, 관악, 수원, 양천, 송파, 용산, 은평구에 각각 떨어져 살고 있었습니다. 친구들 모두 반갑게 서로 연락을 했습니다.

만나기로 한 그날, 을 축년(1985) 칠월 열이렛날 효창동 친구 집에서 모두 만났습니다. 고향 떠나 20여 년 만에 만난 친구들은 기억 속에 있던 친구가 아니었습니다. 어릴 적 친구의 모습이 아니고 하나같이 옛날에 보았던 친구들 엄마의 모습으로 나타난 것이었습니다. 서로 반갑게 부둥켜안고 실컷 울었습니다. 눈물은 슬플 때만 나오는 게 아니라는 것이 그날 느꼈습니다.

한참을 실컷 울고 이제는 웃기 시작했습니다. "야 너희들, 어쩌면 그렇게 너의 엄마하고 똑같이 생겼니? 너를 보는 게 아니고, 너의 엄마하고 지금 같이 있는 것 같다"라며 친구 8명이 같은 이야기를 반복했습니다. "야들아! 우리 지금 꿈꾸고 있는 것 아니고 현실이지? 우리가 이렇게 만나고 있다는 게 믿을 수가 없어. 재순이 덕분이다. 재순아 정말 고맙다." 하면서 서로의 안부를 물으며, 20여 년의 세월을 펼치며 웃다가 울다가 서로 고생했던 이야기를 풀어냈습니다. 그렇게 우리들은 세월의 터널을 뚫고 나와 우정의 빛을 찾았습니다.

3개월에 한 번씩 만나기로 약속하고, 회비는 3개월에 오천 원, 장소는 차례대로 돌아가며 다른 친구 집에서 만나기로 약속했습니다. 그렇게 3년을 지냈습니다. "야들아! 한 달에 오천 원도 아니고 3개월에 오천 원 하는 모임은 우리밖에 없다. 우리 3개월에 만 원으로 하자"고 해서 나는 반대했으나 다수의 결정으로 그렇게 합의했습니다.

제가 총무를 맡아 회비 관리를 하면서 회비가 많아지면 오래 유지하기 어려우니 최소한으로 하자고 결정했습니다. 3개월에 만 원이었지만 세월이 겹쳐 관광도 많이 하고 회비도 눈덩이로 불어났습니다. 고향 방문 계획을 수없이 했지만, 시간을 맞추기 어려워 기회를 얻지 못하고 미루기만 했습니다.

어느 날, 문득 유행하고 있는 효도관광에 대해 생각하게 되었습니다. 고향 방문을 가려고 몇 번을 망설이고 미루기만 하면 계속 못 갈 것 같다는 생각을 하게 되었습니다. 즉시 행동해야 이루어진다는 생각에 친구들에게 말했습니다.

"내가 생각을 했는데 우리가 고향방문 계획만 세우고 매년 미루기만 했잖아. 그런데 우리 회비도 많이 모였고 회비를 보람 있게 써야 되잖아. 그래서 말하는데, 서울에 계시며 고향에 가시고 싶어 하시는 어른들을 모시고 같이 가면 어떨까? 모두들 효도관광 열풍인데 우리가 해외관광은 못 시켜 드리지만 어르신들은 해외관광 못지않게 고향에 모시고 가면 좋아하실 것 같은데 너희들 생각은 어때?" 하고 제안했습니다. "야 그거 정말 좋은 생각이다. 어떻게 그런 생각을 다 했니? 그래 그렇게 하자."

모두가 좋은 생각이라며 찬성하고 준비하기 시작했습니다. 각 지역에 계신 어르신들을 찾아내고 또 우리 친구뿐만 아니라 같이 갈 수 있는 분들을 서로 연락하니 모두들 환영하셨습니다.

관광버스를 예약하고, 고향에 연락하여 음식준비도 부탁했습니다. 어른들도 기뻐하셨고 고향에서도 우리들이 관광버스로 고향방문 한다는 소식을 듣고 기뻐하셨습니다.

1999년 7월 16일 1박 2일의 일정으로 고향 어르신들을 위한 효도관광으로 고향을 방문했습니다. 고향에서도 환영해 주셨고, 고향 손맛의 토속음식으로 골고루 맛있게 준비해 주셔서 온 마을잔치마당이 되었습니다.

14년간 모아진 회비가 통장 기록에 3,275,726원에서 효도관광 비용(버스 대여, 고속도로통행료, 교회헌금, 마을회관수고비, 식대, 보령석탄박물관입장료, 떡, 과일, 술, 간식, 음료)으로 1,436,840원을 지출했습니다. 남은 금액은 1,838,886원이었습니다. 회비 3개월에 오천 원·만 원으로 시작해서 이렇게 거금을 모았습니다.

우리가 어렸을 때는 산 고개를 넘어서 차는커녕 달구지도 다니지 못 하던 길이 아랫마을로 차도를 만들어 버스가 다닐 수 있다는 것이 기적이었습니다. 그 후 고향 사람들은 "면내에서 고향에 관광 버스 대절해서 효도관광 다녀간 팀은 너희들밖에 없다. 어떻게 그런 좋은 생각을 하고 실천했는지 기특하다. 너희들은 고향마을을 빛낸 자랑스러운 효녀들이다"라고 하시며 칭찬해 주셨습니다.

모임을 시작한지 34년 되던 해, 한 친구가 영원히 떠났습니다. 하지만 여전히 7명이 7학년 4반에 둘, 5반에 셋, 6반에 둘이 들어와 3개월에 한 번씩 만나 웃고 즐기는 영원한 고향친구들입니다.

지금 생각해도 고향 친구들과 '어르신 고향방문 효도관광'이라는 플래카드를 관광버스에 붙이고 떠난 고향 마을회관에서 1박 2일의 여행은 우리 고향친구 모임에서 가장 보람된 일로 실행했다는 것에 자부심을 느낍니다. 우리가 코흘리개로 만나 7학년의 중반이 되었다는 사실에 세월의 빠름을 실감하며, 시간을 잡으려 하지 말고 주어진 시간과 오늘을 충만하게 만끽하시라고 독자 여러분에게 전하고 싶습니다.

신체장애는 장애가 아니다

뇌신경 장애로 고통 받고 자존감을 상실했던 과거의 저는 "의학의 발전이 왜 나에게는 도움이 되지 않을까?"라고 원망하며 살았습니다. 뇌신경 장애로 인해 음성은 불분명했고, 손 떨림으로 숟가락질이 어려워 국건더기만 먹는 습관이 있습니다. 수시로 해야 하는 칫솔질도 손 떨림으로 잇몸에 상처를 입혀 식염수가글로 대신해야 하는 불편함을 감수하며 지내왔습니다. 생활에 여유가 어느 정도 안정이 되었고, 나의 욕구도 점점 커져 갔습니다. 아름다운 목소리를 가진 사람들이 부럽고, 새로 만나는 사람들과 마음 편하게 대화할 수 있는 날이 영영 없을 것 같은 느낌에 늘 마음이 불안했습니다. 또 제 손으로 제 이름도 멋지게 쓰고 싶었습니다. 저는 오랫동안 병원과 한방 치료를 함께하다가 치료를 포기한 지 오래되었습니다. 그러던 어느 날, 다시 신촌 세브란스병원 주치의 선생님을 찾았습니다. 그러나 저의 주치의 선생님은 다른 병원으로 가셨고, 그 분을 만나기 위해 강남세브란스병원을 찾아가야 한다고 했습니다.

저는 주치의를 찾아뵙고, 상담했습니다. 박사님께서 종합검사를 하시더니, 완치는 불가능하다고 하시며, 우리나라 전체인구의 0.0001%도 안 걸리는 희귀병이라고 진단을 내렸습니다. 분기별로 목에 보톡스를 맞으면 목소리는 80% 찾을 수 있다고 했습니다. 2주 정도 쉰 목소리가 나지만 차츰 괜찮아졌다가 다시 원래 상태로 돌아가면 다시 보톡스를 맞는 방법이었습니다. 주치의 선생님은 저와 같은 병명을 가진 환자들이 만나는 모임이 있다는 말씀도 해 주셨습니다. 하지만 저는 모임을 찾아 나설 여유가 없었습니다. 2002년을 기준으로 보톡스 시술은 의료보험 대상에서 제외되어 1회 시술에 80여만 원이었습니다.

'시술 후 2주 정도가 지나면 내가 원하는 목소리를 찾을 수 있겠지?'라는 기대에 시술을 마치고 기분이 업 되었습니다. 하지만 1개월이 지나도 제가 원하는 목소리는 나오지 않았습니다. 2개월이 지나고 맑은 목소리가 나는 듯하다가 4개월째 되니 원상태가 되었습니다. 저는 정상적인 목소리는 포기할 수 있었습니다. 하지만 메모를 잘 할 수 없는 저의 신체조건은 제 마음을 더 아프게 했고 계속 세월은 흘러갔습니다.

그 세월을 순순히 저의 운명이라 받아들이고, 배움의 길에 빠져

들기로 했습니다. 이후 방송통신고등학교, 디지털서울문화예술대학교, 예명대학원대학교에 입학해서 열심히 배우려고 했습니다. 하지만 저는 다시 시름에 빠지게 되었습니다. 배움의 큰 꿈을 이루기 위해 대학원에 입문했는데, 그동안 제가 접했던 익숙한 환경이 아닌 완전히 새로운 학문이었습니다. 대학원에서는 발표도 해야 하고, Report 작성도 해야 했습니다. 저는 메모도 어렵고 컴퓨터 작업도 느리며, 음성장애로 발표도 어렵다는 생각이 들었습니다. '대학원을 포기하는 것 외에는 방법이 없다'라고 생각했습니다. 하지만 여기서 포기한다면 등록금 반환 문제와 주변의 시선도 두렵고 마음이 복잡했습니다.

며칠을 고민하던 중, 이번 학기만이라도 다녀야겠다는 결론을 내렸습니다.

다방면으로 방법을 찾아 설득박사 1호 김효석 아카데미를 방문하고 박사님의 상담을 받기로 결정을 했습니다. 김효석 박사님은 제 음성과 화법을 분석하시며 "유순호 선생님, 절대 배움을 포기하지 마시고 계속하세요. 충분히 잘 하실 수 있습니다. 선생님은 말을 못하는 것이 아니라, 못 한다고 생각하고, 말을 안 했기 때문입니다. 이 책을 하루 30분씩 큰 소리로 낭독하시고 전화도 상대가 어떻게 생각하든 신경 쓰지 말고 무조건 말을 많이 하시면 충분히 고칠 수 있으니 염려마세요."라고 하셨습니다. 저는 박사님의 말씀에 큰 위로를 받았습니다. 김효석 박사님의 말씀대로 한 번 실행해 보기로 하고 꾸준히 실행했습니다. 하지만 마음속에 담겨 있는 정신적 장애가 발동하여 다시 병원을 찾아 3월 27일 뇌수술하기로 결정하고 예약했습니다.

제 나이 73세, 2020년 경자년의 새해가 밝았습니다. 저는 원주로 2월 14일에 이사했습니다. 이사하고 수술을 할 계획이었는데, 수술 후 병원에 다니기가 불편하다고 걱정하는 중이었습니다. 그즈음에 코로나가 시작되어 불안이 증폭되어 자녀들도 모두 염려하고 있었습니다.

코로나 확진자는 점점 증가하고, 가족들과 주변의 지인들은 수술을 안 하는 게 좋겠다고 이야기를 많이 했습니다. "엄마 제발 이대로 사셔야 합니다. 수술하고 움직이지 않으면 면역력이 약해져서 엄마의 수명을 채울 수 없어요. 코로나로 병원 다니기도 힘든데 병원생활보다 집에서 계셔야 저희들이 안심이 됩니다." 그 충고를 받아들이고, 저의 고집을 내려놓고 수술은 천천히 결정하는 것이 좋겠다고 생각했습니다.

저도 수술하기가 두렵기 시작했고, 코로나 퇴치 후에 다시 생각하자고 다짐하며, 온라인 강의에 열중했습니다. 그 후 독서를 계속하던 중 모든 질병은 마음에서 온다는 것을 알게 되었습니다.

독서는 저의 정신적 장애를 극복할 수 있는 힘을 주었습니다. '우리에게는 정신적 장애가 있습니다.' '불안장애', '강박장애', '수면장애' 등등 정신장애로 고통 받는 분들이 많다는 것을 알았습니다. 저는 배움으로 정신적 장애를 회복시켰습니다. 다시 생각해보면, 저의 뇌 신경 신체장애는 배움의 축복 통로였습니다. 배움이 없었다면 정신 적장애에 사로잡혀 행복을 찾을 수 없었을 것입니다. "신체장애는 장애가 아니다."라고 저는 말하고 싶습니다. 제 마음의 정신적장애 가 더 큰 장애였다는 사실을 독자들에게 전하고 싶습니다.

우리나라 보건복지부의 2020년도 기준 국내등록 장애인은 263 만 3천 명으로 전체 인구대비 5.1%인 것으로 조사되었다고 했습니 다. 장애인들이 차별받지 않는 사회가 되도록 정책적 방안이 필요 합니다. 그리고 자신만의 정신적 장애를 극복할 수 있는 배움으로 국민 모두가 행복하기를 바라는 마음입니다.

일흔 줄 삶의 여정

저는 '말과 행동'이 느리기로 이름난 충청남도 보령군 미산면 풍산리 '찬샘골' 마을에서 3남 3녀의 장녀로 태어났습니다. '찬샘골'은 보령군, 부여군, 서천군, 의 경계로 '잿말재' 능선을 중심으로 3개 군의 중심입니다.

백부님이 도시로 떠나시고 우리 부모님이 조부모님을 모시고 삼대가 같이 살았습니다. 덕분에 우리는 조부모님의 사랑도 많이 받았고, 부모님의 효심을 몸소 체험하며, 3대가 화목한 어린 시절을 보냈습니다. 그러던 중 백부님께서 7남매의 사촌을 데리고 낙향하셔서 우리 부모님은 아랫마을로 분가하셨습니다. 그러나 부모님은 큰집 일을 돌보시는 일을 여전한 책임으로 느끼시며 큰집 농사일까지 전념하시며 바쁜 생활을 하셨습니다.

어머니는 늘 몸이 허약하셨습니다. 그러나 시부모님을 비롯한 친척 어르신들과 마을 어르신들을 잘 섬기시는 모범을 보이셨습니다. 아버님은 그런 어머니를 보호하시며 사랑하셨고, 우리들은 부모님이 서로 사랑하시는 모습을 지켜보며 성장했습니다. 분가하신 후 10여 년 큰집 일까지 떠안고 산촌의 삶에 한계를 느끼신 아버님은 평야가 넓은 서천군 마서면으로 이사하셨습니다.

그곳은 육촌 언니의 시댁 마을로 평야가 넓어 산촌보다 농사일이 수월하다는 것을 아시고 결정하신 것입니다. 부모님의 근면성과 효심에 마을 사람들은 보령에서 이사 온 집으로 소문이 났습니다. 덕분에 우리들 역시 이사 온 집의 착한 아이들로 마을의 본보기가 되어, 7년의 타향살이가 익숙해졌습니다.

하지만 어머님이 늘 병고에 시달리시다 제 나이 스무 살, 막냇동생이 아홉 살 되던 무신년(1968) 봄기운이 가득한 4월 초 44세의 젊은 나이로 하늘나라에 가셨습니다. 장례식에 참석한 많은 사람들이 하늘나라에서도 착한 사람이 필요해서 데려가셨다며 저를 위로하며 모두 눈물바다였습니다.

그러나 저는 미래에 닥쳐올 가정과 동생들 모습이 눈앞에 선명히 나타나, 마음은 더 강해졌고 침착하게 대처했습니다. 눈물은커녕 콧물도 메말라 울음이 나오지 않았습니다. 오히려 무거운 짐을 지워주고 홀연히 떠나신 어머니가 더 원망이 되었습니다.

3개월 후 새어머니가 오셨고 그때부터 우리 남매들은 '이사 온

집, 착한 아이들'에서 '이사 온 집, 나쁜 아이들'로 소문이 퍼졌습니다. 어머니의 빈자리는 큰 상처로 남았고, 결국 아버지는 새어머니와 헤어지셨습니다. 그 후 두 번째 새어머니가 오셨습니다. 새로 오신 어머니는 우리를 사랑해주셨고 우리도 새어머니를 친어머니처럼 따랐습니다. 새어머니의 헌신으로 가정은 안정되고, 저는 서울에 거주하시는 숙모님의 중매로 결혼하여 상업에 종사하며 2남 1녀의 자녀를 성장시켰습니다.

남은 인생은 자신의 삶의 행복을 찾아야 한다는 생각에 취미 생활로 자전거 동호회, 산악회, 친구와의 만남으로 전국을 누비고 다녔지만 삶의 진정한 행복은 찾을 수 없었습니다. 허공에 뜬 행복은 잡힐 듯 잡힐 듯 끝내 잡히지 않고 세월만 흘러갔습니다.

결국 '삶의 행복'을 찾는 길은 배움의 한을 푸는 것이라고 생각했습니다. 그 생각으로 고민하던 중 출근길 버스에서 "경복방송통신고등학교 학생모집 나이 제한 없음"이라는 안내를 발견하고 곧바로 신청하고 배움 줄을 잡았습니다. 고등학교를 마치고 디지털서울문화예술대학에 입학하여 배움 줄을 하나 더 엮었고, 칠십 줄에 예명대학원대학교 사회복지학 석사 과정에 입문했습니다. 석사 과정의 고난을 겪을 때 강웅섭 교수님께서 지으신 『시인과 철학자의 유쾌한 만남』 책을 선물로 받아 완독하고 그 후 독서에 빠졌습니다. 책을 사랑하던 중 이시형 박사님 저서 『배짱으로 삽시다』를 읽고 박사님을 제 마음의 멘토로 정했습니다. 박사님의 책들을 가슴에 차곡차곡 쌓아놓고 차례차례 꺼내어 박사님과 대화하며 배움을 실천합니다. 나이에 밀리지 않고 배움의 끈을 잡으면, 이시형 박사님처럼 건강하고 보람된 삶을 찾을 수 있다는 확신을 얻었습니다. 마음 깊은 곳에 박사님을 멘토로 결정하고 '훌륭하신 박사님께 누가 되지 않을까?'라는 생각으로 망설였습니다. 하지만 저의 결정은 변함이 없었고, 박사님이 저의 내면에 계신다는 믿음으로 언제나 대화하고, 박사님의 책과 강의 말씀대로 보고 듣고 따르며 실천하는 삶이 너무나 즐겁고 행복했습니다.

박사님의 많은 책을 읽으며 몸도, 마음도, 정신도 모두 건강해졌습니다. 내면의 박사님은 잠든 저를 깨워주셨습니다.

'뇌를 쓰지 않으면 녹이 슬어 우리 몸의 균형을 잃고 병이 된다.'

'사람은 죽는 날까지 배우고 뇌를 써야 건강하다.'

'둔하게 살아야 뇌가 활성화된다.'

'모든 걸 완벽하게란 것이 스트레스다.'

'완벽함을 완화하고 80점 인생으로 살아라.' 수많은 좋은 글들로 배움의 길로 안내해 주셨습니다.

생활습관을 개선하고 박사님의 생활습관을 따르기로 했습니다. 일찍 자고 일찍 일어나 새벽에 독서하고, 효율적 시간 활용, 식생활 개선 등 모든 것을 내면의 멘토를 따르며 꾸준히 실천하고 있습니다. 힐리언스 선 마을을 다녀와 우리 마을 뒷산이 선 마을이라 상상하며 매일 걷기를 실천하며 건강을 위해 배움을 계속하고 있습니다.

현재는 사회복지학 연구 과정 중입니다. 배움과 일을 사랑하며 장남의 도움으로 원주기업도시에서 '도담 인테리어' & '정원부동산 중개법인'의 대표로 활동하고 있습니다.

배움을 계속하며 몸, 마음, 정신이 건강한 행복한 사업가로 활동 중입니다. 사회복지학 연구가 끝나는 대로 사회복지실천과 복지의 자원봉사활동에 참여하며, 행복을 나눌 수 있는 풍요로운 노후의 삶을 살고자 합니다.

지금까지 저의 70여 년의 이야기를 읽어주셔서 감사합니다.

독자 여러분도 저와 함께 행복한 삶을 함께하고 싶지 않으신가요? 언제든지 환영합니다. 이상으로 무자 생 ♧ 陶唯유 순 호 ♧ 의 첫 번째 이야기 『배움은 은퇴가 없다』를 마칩니다. 끝까지 읽어주셔서 감사합니다.

이 책을 읽는 모든 독자들이
배움을 실천하고 행복하시기 바라는 마음을 전합니다.

배움은 은퇴가 없다

1판 1쇄 인쇄 | 2022년 4월 25일
1판 1쇄 발행 | 2022년 4월 29일

지은이 | 유순호

펴낸이 | 최원교
펴낸곳 | 공감

등　록 | 1991년 1월 22일 제21-223호
주　소 | 서울시 송파구 마천로 113
전　화 | (02)448-9661　팩스 | (02)448-9663
홈페이지 | www.kunna.co.kr
E-mail | kunnabooks@naver.com

ISBN 978-89-6065--314-6　03320